바람이
　　된
　　피아노

제주 음악가의
일상과 일탈 이야기

바람이 된 피아노

문효진 지음

piano with the winds

지서연

축사

벌써 14년 전의 일이다. 날씨가 제법 쌀쌀하게 느껴지던 늦가을의 어느 날.
나는 그날 삼청동의 한 카페에서 문효진을 처음 만났다.
그때도 바람이었다.
'영혼은 바람이 되어'라는 음반을 내며 라이너 노트를 내게 부탁했기에 나갔던 자리였다.

불과 두 시간 남짓한 만남이었는데,
그녀의 음악을 향한 순수한 열정과 사랑을 느끼기엔 충분한 시간이었다.

그리고 음악만큼이나 순수하고 따뜻한 그녀의 마음을 아는데
도 부족하지 않은 시간이었다.

집으로 돌아온 후 그녀가 건네 준 음악을 들으며
나는 다시 그녀와 마주한 듯한 느낌을 받았다.
그건 아름답고 영롱한, 그리고 따뜻한 숨결의 음악이었다.
그 행복에 젖다보니 그녀와의 만남을 스치는 인연으로 그냥
흘려보내고 싶지 않았다.
다행히 그녀와의 만남은 긴 인연으로 이어졌고,
고맙게도 나는 그녀의 시선 속에 머물 수 있었다.

지난 14년간 지켜본 문효진은 안주하는 적이 없는 사람이다.
그녀를 둘러싼 상황이 녹록지 않았던 적도 많았을 텐데
그녀는 물러서거나 제자리에 있었던 적이 없다.
놀라울 정도로 그녀는 계속해서 도전하며 모험을 해오고 있

는 것이다.
그런 그녀가 이번에 낭만적인 제목의 음악 수필집을 냈다.

'바람이 된 피아노'
이 또한 그녀의 새로운 도전이자 모험이며, 도약이다.
그녀가 들려주는 이야기는 진솔하고 소소하지만 한편 깊은 통찰과 사유의 힘이 있다.
그리고 그녀의 오기와 집념이 어디에서 온 건지에 대한 비밀도 숨겨 있다.
그 비밀을 아는 순간 삶의 지혜도 하나 얻을 수 있다.

'행복해지고 싶다면 행복한 사람 곁에 있어야 한다.'고 했던가?
아니 '행복한 음악', '행복한 책' 곁에 있어도 벅찬 기쁨을 얻고 행복해질 수 있다.

여기서 그 행복을 누렸으면 좋겠다.
그래, 이제 여러분이 마음껏 누릴 차례다.

— 음악평론가 이헌석

차례

축사 004

프롤로그 013

1악장

일탈, 새로운 세상 그리고 다시 일상

피아노 꼴라주 016

영감은 어디에서 오는가 022

아이를 위한 유산 028

보롬 부는 날 041

퐁낭나무 045

새별오름 049

4월 이야기 054

물빛 물질 059

그림자 연습 066

그래픽 스코어 072

음악처방전 081

트리오 보롬 090

음악 책갈피 097

2악장

뮤직 아뜰리에

집착 · 베토벤과 고흐   106

낯설게 하기 · 마그리트와 메시앙   117

고독 · 김영갑과 피아졸라   128

애증 · 프리다와 에릭 사티   140

탈출 · 모네와 드뷔시   153

점, 선, 면 · 칸딘스키와 존 케이지   165

기다림 · 송몽규와 이중섭   178

3악장

피아노 포르테

피아노부터 193

똑똑한 연습 199

거꾸로 스케일 204

마리오네트 인형 208

피아노 포르테 212

레가토 레가토 222

멜로디의 무게 226

대회에 나간다면 235

에필로그 254

프롤로그

그 섬에는 질긴 바람이 분다.
언제부턴가 평화라는 이름으로 불리지만
그 속에는 빨간 아픔과 시퍼런 파도가 숨 쉬고 있다.

해녀 상군이셨던 할머니는 잠 못 드는 나를 오래도록 업어주셨다.
유난히도 깊은 이마 주름에 그녀의 바다가 새겨져 있다.

이제 나의 시대, 시선, 언어로
제주의 것들을 그려내고자 한다.

기쁨과 슬픔이 뒤엉켜 나와 네가 되고
그 섬은 우리 모두의 꿈이 되어간다.

작곡가 문효진

1악장

일탈, 새로운 세상 그리고 다시 일상

피아노 꼴라주

초등학교에 입학한 지 얼마 지나지 않아 검정색 피아노가 마당에 들어왔다. 햇빛 속에서 눈이 느리게 내렸다. 햇빛에 반사된 검정색은 눈보다 반짝거렸다.

나는 용달차에서 실려 내려오는 피아노를 보며 입고 있던 검은색 바탕에 빨간 물방울 무늬 원피스와 너무 잘 어울린다는 생각을 했고, 거기에 흰 눈까지 갑자기 천천히 내린다는 느낌에 마치 화면이 정지되는 느낌을 받았던 것 같다.

또래 아이들보다 일 년 먼저 입학한 초등학교. 그 시절, 난 조용한 아이였다. 작은 교실에 50~60명 가까이 빼곡히 모인 아이들은 죄다 목소리가 쨍쨍거렸으며 부산스럽게 뛰어다니길 좋아했다. 마치 텔레비전의 한 장면을 보듯 즐거우면서도 멀게 느껴졌다.

나는 나의 피아노를 만나며 많은 시간 피아노와 시간을 보냈다. 말이 없던 나는 한 곡을 여러 번 치고 또 치며 오랜 시간을 말 대신 피아노 소리로 외쳤다.

남들이 피아노를 쉬거나 그만둘 때쯤에도 나는 검정 피아노 친구와 더 친해져 갔고, 그랜드 피아노를 방 한가득 채우던 날, 피아노 다리 아래 누워 함께 밤을 보내곤 했다.

그런 피아노와 함께 원하는 대학을 가지는 못했다. 가고 싶었던 대학교 캠퍼스 곳곳의 사진을 찍어 악보나 교과서 앞 장에 붙이며 마음을 다졌지만, 매주 무거운 악보를 들고 비행기를 타고, 여러 번의 환승으로 낯선 서울을 다니며 품었던 기대는 어그러졌고 그 마음은 어디에 내려놓아야 할지 몰랐다.

그러던 중 교회 청년부에서 잠깐 도와주게 된 여성 중창팀의 호주 선교여행에 합류하게 되었고 그때 호주 멜버른을 만났다. 파라다이스였다.

그곳은 공원이 먼저 지어지고 도시가 만들어진 곳이다. 녹색의 도시이자 음악의 도시였다. 제주의 친숙한 자연과 낯선 유럽 같은 정서와 엄격한 영국 같은 교육제도가 아우른 곳이었다. 멜버른의 바다는 향수를 잊게 했고, 사람들은 눈만 마주쳐도 웃음 가득한 눈인사를 건네주었다.

일정을 마치고 돌아가는 비행기에서, 비엔나 유학을 준비하던 마음을 한순간에 내려놓고 다시 멜버른으로 돌아와야 한다는 확신을 갖게 되었던 건 내 인생에서 가장 잘한 일이었다.

선생님을 내 편으로 만들고, 부모님을 설득하고 큰 가방 2개를 가지고 손과 발, 입이 굳은 채 시작한 유학 생활은 7년을 넘었고 음악 이상의 홀로서기를 배우게 되었다. 가득한 손 편지, 국제전화카드, 14번의 이사 속에서 나는 피아노 너머 세상을 보았고, 세상은 피아노를 통해 나를 훈련시켰다.

피아노, 바이올린, 콘트라베이스와 같은 악기들은 이름만으로도 먼 느낌을 준다. 실제론 그렇지 않더라도 클래식 음악은 경제적, 지적인 자유를 가진 자들만의 특권처럼 보인다. 많은 대중들이 클래식과 가깝지 않다는 사실을 나는 뒤늦게 알아차렸다.

그리고 내 영혼의 안식처 같은 소울메이트를 만나며 인생의 모든 것이었던 검정 피아노를 팔아버렸다.

그리고 결혼 생활이 시작되고 아이를 가지게 된 후 피아노는 가는 곳마다 있었고 모든 피아노는 내 것이 되었다.

두 아이를 키우면서 아이들을 위해 장난감 피아노가 있었으면 할 때 집 앞에 버려진 피아노를 보았다. 갈색을 띠는 그 낡은 피아노는 딱 맘에 들었다.
폐기물 스티커를 떼고 운반을 하며 조율사에게 물었다.
"이 피아노 언제까지 쓸 수 있을까요?"
"선생님, 그냥 쓰다가 버리세요…."

'이 피아노와는 멋지게 작별 인사를 해야지.'
가끔씩 부러진 건반은 보수하고, 녹슨 줄은 갈고, 떨어진 검정 건반은 고무로 교체하였다. 아빠는 만능 맥가이버라 필요한 부분을 다 채워주셨다.

고고하고 까칠한 피아니스트로서 피아노를 샀더라면 감히 해 보지 못했을 일들을 아이들과 나누었다. 〈피아노 해체〉 전시회를 해 봐야지 하는 막연한 생각을 한 지 2년이 지나서야 구체화됐다.

나에게 피아노를 해체한다는 것은 여러 의미가 있다. 피아노를 넘어 작곡가로서 이름을 바꾸고, 멜로디가 아닌 메시지를 전달하는 아티스트가 되어야 한다는 다짐이다. 첼리스트였던 백남준이 존 케이지의 난도질하는 피아노 행위예술을 보고 깨달음을 얻었던 것처럼 이미 다 지난 다다이즘, 미니멀리즘, 아방가르드, 플럭서스 운동가는 아니어도 음악이라는 개념을 좀 더 확장시킬 수 있다는 자유였다.

더 이상 음악은 아름다울 필요가 없고, 예술은 고귀한 것이 아니라고 당당히 말하고 행동하는 그들처럼 용기는 없으나, 아무도 뜯어내지 못하고, 들여다보지 못했던 나의 세계, 피아노 속살을 보며 내 예술정신의 민낯을 나눌 수 있게 되었다.

이렇게 피아노를 향했던 나의 삶은 한 겹 두 겹 뭉쳐져 질감 있는 덩어리가 되고 피아노 꼴라주가 되어간다.

문효진, <피아노 꼴라주>, 설치, 2019

영감은 어디에서 오는가

photo.Jan

영감은 어디에서 오는가의 자문자답을 위해 단계적인 질문 몇 가지.

1. 악보만을 보고 연주를 하다 문득, 나도 나만의 음악을 만들고 싶어졌다. 왜 나는 만나지도 못한 몇백 년 전의 모차르트, 베토벤의 음악을 손가락이 휘도록 연습을 해도 끝이 보이지 않는 걸까.

2. 자유롭게 나비를 그리는 화가를 보았다. 그 자리에서 그녀가 원하는 느낌대로 즉흥적으로 그리는 것을 보며, 예술이라는 것은 이렇게 순간과 감동의 마찰이 일어나야 하는 것임을, 나는 수년간 음악을 하며 그 마찰의 순간을 몇 번이나 경험하고 타인과 공유하고 있는가.

3. 언제 들어도 좋은 나만의 것들. 음악이든 영화든, 비밀스런 나의 것이 된다는 것엔 공통점이 있다. 새로운 것이 아닌 새롭게 하는 힘.
나의 추억과 타인의 이야기, 제3자가 되어 나를 주인공처럼 보게 되는 시선에 머물게 될 때 우리는 늘 노스탤지아 드림을 갖게 된다.

나에게 새롭게 하는 힘이 있던가.

영감Inspiration이 필요하다 느껴진다면 그건 당신이 창작자일 뿐만 아니라 삶의 주체자로 보다 의미 있는 것들을 찾기 때문일 것이다.

접시를 고르는 주부의 손길부터 꼬물거리며 그림일기를 그리는 아이와 멋진 모자를 고르는 할아버지까지. 영감은 우리 삶의 전반, 일상 곳곳에 필요하다.

나도 모르게 몸이 앞서 현실적인 삶의 루틴을 따라가면서도 문득 문득 내 영혼을 바라볼 때가 있다. 대부분의 경우 사람이 만든 건물보다는 자연에서 아름다움을 찾게 된다. 계절을 이끌고 가는 용감한 꽃망울들, 푸르른 풍경 속 세밀한 그라데이션을 보여주는 잎사귀들, 하늘 조명을 받아 눈을 부시게 만드는 그림자와 빛들의 교차. 그곳에 생명이 있기 때문이다.

그 순간들이 내 가슴에 머물러 아직 해결하지 못한 기억의 상자 속으로 들어가면 그때 스멀스멀 기어나오는 영혼은 비로소 제 옷을 입고자 한다.

나는 잘 살고 있는지, 왜 살고 있는지, 오늘 가장 중요한 일은 무엇인지, 또 놓쳐버린 것은 무엇인지 되묻게 된다.

삶을 이어가며 나는 누구이고 어디로 어떻게 흘러가는 것인가에 대한 근본적인 문제는 곧 나의 정체성의 이야기로 이어진다. 그리고 내가 어떤 것에 감동을 받고, 어떤 이미지에 멈추어 있으며, 어떤 소리에 귀를 기울이는지, 어떤 초점에 집중하고 있는가를 알게 된다. 그것들은 곧 나를 다시 움직이는 자전거 페달이 되고, 그 힘으로 살아가는 순환 안에 있게 된다.

음악을 하며 그저 악보를 보고 재현하는 연주playing만이 아닌 살아있는 음악, 그리고 나만의 음악을 만들기를 결심하면서 '영감'은 내게 너무 큰 도전의 산이 되었다. 성경에서는 영감을 하나님의 감동으로 만들어진 것으로 첫 사람, 아담을 흙으로 빚은 후 생령生靈, living soul을 불어넣는 '호흡, 바람' 같은 존재라 말한다.

보이지도 않고 잡을 수도 없는 바람 같은 감동,
그 호흡을 어떻게 더 소유하여 남들에게도 전할 수 있을까.

문득, 나의 감동의 순간들을 떠올려본다. 그 순간들을 데이터화하여 결론을 지어본다. 공식을 만들어 더 많은 감동, 영감을 만들어 낼 수 있는 레시피를 찾는다.

늘 보아도, 들어도 좋은 것은 좋더라.
새롭지 않아도 그 공간, 그 시간이면 나는 새로이 리셋이 된다.
그 안에는 나의 기억과 추억이 버무려져 나와 타인의 잊고 있던 이야기, 아직도 기억하고 있을까 희미해진 그녀의 몽타주, 닿을 듯 닿지 못했던 나만의 고백, 꿈에도 가질 수 없어 잠을 못 이루던 그날 밤이 담겨져 있다

비젼^{Vision}이란 보이지 않는 것을 보는 힘이다.
영감^{Inspiration}은 바람처럼 주어지는 것이다.

음악의 이유는 분명 사람의 마음을 움직이는 것.

모서리 진 것을 둥글게
망설이는 것을 결정하고
불안했던 것을 잠재우는 힘.

내게 그런 힘이 있던가.
음악을 하는 사람으로서 그것이 부족하다면
진리를 아는 사람으로서 다가가야겠지.

새롭게 하는 힘을 소유하고 싶은 밤이다.

아이를 위한 유산

엄마랑 바꿀 수 있는 건 없어 - 에덴
엄마보다 이쁜 건 없어 - 지온
아이들의 이쁜 말.

요즘은 돈만 생기면 아이들이 읽을 책부터 먼저 산다. 예전 같으면 이러한 지적이고 우아한 소비를 상상도 못했을 테지만 작년부터 아이들이 다니던 학원을 정리하고 그 대신 늘어지도록 책을 볼 수 있는 시간을 만들었다.

자녀를 키운 부모들이 지나고 나서 가장 후회되는 것은 무엇일까? 많은 부모들의 대답은 책을 더 많이 읽어줄 걸, 더 많이 놀아 줄 걸이다.

그래서 나는 아이가 손가락을 꼼지락거리며 움직이기 시작할 때부터 아이의 손에 책을 쥐어주었다. 매일 자기 전 의식처럼 읽어주고 아이가 넘겨주고, 그러다 잠들었다. 그 시간이 고스란히 지금까지 이어져 족히 2시간은 책을 쌓아놓고 읽다가 잠을 청한다. 그리고 누워서 불을 끄고 메이킹 스토리를 한다.

메이킹 스토리란 각자 읽은 책 중 안 어울리는 단어 한 가지씩을 골라 스토리를 만드는 것인데 신기하게도 아이들은 각자 다른 이야기를 만들어 낸다. 불꺼진 깜깜한 방안이 마치 드넓은 우주 공간인 듯 무한한 상상력을 발휘하는 아이들. 아이의 머릿속이 저마다의 번뜩이는 생각들로 바삐 돌아가는 게 보인다.

책읽기

우리 아이들은 다른 아이들에 비해 책을 많이 읽는 편이라고 나름 자부하던 나는 '잠수네 커가는 아이들'의 이신애 대표가 쓴 육아 관련 책을 읽게 됐다. '잠수네 커가는 아이들(www.jamsune.com)'은 일종의 교육, 유아 관련 사이트다. 학령기 자녀를 둔 학부모라면 누구나 관심이 갈만한 내용들, 유아부터 고등학생까지 많은 아이들의 성장과정과 부모의 교육방법을 지켜볼 수 있는 곳이다. 잠수네 아이들에서는 육아와 관련하여 여러 권의 책들을 출간했는데 그 중 영어공부법에 대한 책의 경우, 그들의 리뷰는 참으로 솔깃하다. 3년 3시간이면 영어를 많은 부분 정복할 수 있다고 한다. 그네들의 목표는 일반적인 엄마들과는 다르다. 크게 공감하는 부분은 영어권 대학을 나온 엄마들도 영어 그림책 한번 읽어보지 못했다는 것, 살아있는 영어란 점수만이 아니라 삶의 뉘앙스로 다가와야 한다는 것. 국내의 명문 대학에 입학하는 것만이 목표가 아니라 대한민국의 문턱을 넘어 세상을 보는 문턱을 넘고 학교와 직장을 넘어 예측하지 못할 새로운 시대에 적응하며 배움이란 것이 참으로 이치에 맞고 이로운 일이라는 것을 심어주려는 것이다.

내가 우리 아이들이 영어를 배우기를 바라는 이유는 결코 대학 입시나 취업 때문만은 아니다. 영어를 알게 되면 영어를 모르면 알 수 없는 세상의 무수한 재미와 즐거움을 접할 수 있다. 해외를 다니다 보면 필요한 주요 정보들은 영어로 기록되어 있다. 영어를 모른다면 결코 알 수 없는 것들이 있다. 영어라는 언어를 배우면 앎의 깊이는 사뭇 달라진다. 내가 가지지 못했던 원서를 읽는 즐거움, 동화 작가와 그림 작가들과의 조우, 움직이지 않는 그림속으로 들어가 마구마구 상상할 수 있는 시간을 소유하는 것. 그 시간이 오래도록 지속되기를 원한다.

아이를 향한 나의 도전은 영어학원의 높은 레벨 반에 들어가는 것이 아니라, 틈만 나면 책을 보고 빠져 들 수 있는 환경과 동기부여이다.

자, 무엇부터 시작해야 할까. 책을 준비해야 한다.
중학생이 다 되어서 단어를 외워가며 유치원과 초등학교 수준의 이야기 챕터북을 보여줄 순 없다. 또래들의 이야기를 읽으려면 한글이 우선시 되어야 하고 영어가 따라가야 한다. 수준별 베스트 도서 목록을 보고 좋아하는 캐릭터, 그림 스타일, 장르 등을 파악한다. 한글책과 영어책을 6대 4 정도의 비율로 선정해서 한글책은 깊고 넓게 보여주고, 영어책은 반은 엄마가 고르고 반은 스스로 고르게 한다. 한글 실력이 뒷받침되지 않으면 영어도 잘할 수 없기 때문이다.

칼데콧, 뉴베리, 케이트 그린어웨이, 볼로냐 라가치, 카네기 등의 수상작과 그 연령대에 읽어야 할 베스트 도서 목록들을 구한다.

빌리든지, 중고책을 사든지, 새 책을 사든지.

학원비 대신 책을 사면 아이는 스스로 책을 보고, 책을 사달라고 하는 아이가 된다. 읽고난 책은 다시 중고로 팔 수 있으니 흐뭇한 소비는 이렇게 시작된다.

작가들의 그림책은 반드시 전집으로만 구입해야만 한다는 법은 없다. 낱권이라도 필요하다면 기꺼이 구입한다.

때론 그림이 이뻐서, 느낌이 좋아서 보는 책들을 부족함 없이 쏟아부어 줘야 한다.

한 권씩 읽으면서 그 작가에 대해 알게 되고, 그 작가의 다른 책을 또 찾게 된다.

이렇게 한 권 한 권 정성껏 골라서 사는 그림책은 지식전달을 위해 사주는, 한꺼번에 들여놓는 전집류와는 달리 작가들의 철학과 스토리, 예술성이 깃들어 있어 오래도록 기억된다. 어른이 되어도 마음에 새겨진다. 책 읽기의 목적은 다른 세상에 빠져들 수 있는 비밀의 문이기 때문이다.

그림책을 많이 읽은 애들은 따로 그림 공부를 할 필요도 없어진다. 코믹한 그림의 퀸틴 블레이크, 앙증맞은 그림의 존 클라센, 숨은 그림을 찾게 하는 과감한 터치의 데이비드 위즈너와 내가 애정하는 마들린느의 루드비히 베멀먼즈. 그냥 책을 보다 보면 그림 형식이 보이기 때문에 캐릭터가 달라져도 작가를 알게 된다.

그리고 곧바로 소설로 넘어가기도 한다. 많은 그림을 보며 상상력이 풍부해진 아이들은 곧 글만 있어도 자기만의 영화를 만든다. 그 영화는 고스란히 이해의 폭과 감정의 표현, 그리고 자신을 사랑하는 마음까지 만들어준다. 학습만을 위한 책읽기는 고작 목표가 대학 문턱이기에 건조하고 지루하다. 교과서 목록, 추천도서, 학습만화, 논술전집보다 책 한 권이 주는 감동을 느껴 본 아이들은 삶을 바라보는 방식도 다를 것이라 생각한다.

어린 시절, 만 1년이나 빨리 학교에 들어간 나는 같은 반 아이들에 비해 너무나도 어렸고 그로 인해 성격도 소심하고 내성적이었다. 맨 뒤에 앉아서 바라보는 선생님과 성격 좋은 아이들이 나오는 먼, 다른 세계의 만화 같았다. 그 시절 가까이 할 수 있는 책과 피아노는 내게 가장 좋은 친구였다. 읽은 책을 또 읽는 것만큼, 손으로 건드리면 아름다운 소리가 나는 것만큼 재미있는 것은 없었다. 그 시절부터 나의 꿈은 늘 피아니스트와 작가였고 그 꿈은 30년이 지나며 이렇게 이루어졌다.

아이에게 한글책이든 영어책이든 물어볼 건 딱 하나다.
"재미있었니?"
"네, 엄마가 골라주는 책은 다 재미있어요!"

교육공학

늦은 나이에 플랜B로 시작한 음악교육 석사과정 중 큰 기

Photo. Annie Spratt

대 없이 선택한 '교육공학'은 초반엔 먼 얘기였다. 훌륭한 교사보다 좋은 학습 방식이 더 효과적이라는 말도 남의 이야기처럼 들렸다.

꾸준히 책 육아, 소위 아무나 못한다는 엄마표 영어, 홈스쿨과 적절한 사교육을 병행하면서 내가 잘하고 있나, 놓치고 있는 것은 없나, 나중에 후회하지 않고 잘했다 할 수 있나를 자문자답하며 자녀교육에 대한 강의들을 찾아 들으며 많은 깨달음을 얻게 되었다.

국어는 타인을 배려하고 경청해야만 잘 할 수 있는 과목이고, 수학은 문제풀이가 아닌 개념, 원리를 설명할 만큼 터득해야 하고, 영어는 한국의 입시를 피할 수 없기에, 책읽기와 어휘독해를 병행해야만 한다.

선행이 아닌 교과서 중심 완전학습을 통해 뒤처지지 않는 공부를 목표로 삼아야 어설프게 올라갔다 다시 되돌아오지 않을 수 있음을. 이는 내가 공연을 준비하며 어설프게 한 두 번 연습이 아닌, 안 되는 부분만을 골라 집중연습하고 완성도를 향해 가는 것과 다를 바가 없었다.

거꾸로 아이를 위해 찾아보았던 강의 내용들은 곧 학습능력을 키우는 '교육공학'이었음을 알게 되었고 이번 학기 매주 리포트를 쓰며 배워야 했던 공부임을 알고 '유레카'를 외치며 배움에 희열을 느낄 만큼 기쁘다.

당신의 아이가 공부를 잘하길 바라는가?
선행 아닌 완전학습 → 엄마는 선생이 아닌 코치 → 엄마와의 정서교감 → 내적 외적 동기부여 → 만족지연능력 → 문제해결능력 → 메타인지 → 정서지능 → 다중지능 → 자기이해능력 → 회복탄력성 → 자기효능감 → 자아만족감 → 공부정서 → 학습능력

꼭 이런 순서들은 아니지만 공부만이 아닌 세상을 살아가기 위해 배워야 하는 학습능력은 부모님으로부터 가능하며, 학교에선 해줄 수가 없다. 학교는 아이의 학습능력을 평가할 뿐 성장시키지 못한다.

부모는 아이에게 어릴 적부터 정서교감을 통해 공부정서를 잘 만들고 좋은 놀이를 통해 감정과 이성을 절제할 전두엽 개발에 힘쓰고, 스스로 판단할 수 있는 메타인지를 만들고, 결론

과 해결이 아닌 감정코칭을 하며 자존감이 높은 아이로 자라도록 존중하고(자기효능감), 세상의 다양한 시선을 이해할 수 있도록 기회를 줘야 한다.(독서)

누구나 공감하고 알지만 아무나 실천하지는 못한다. 같은 교실에서 같은 선생님께 배우지만 배움의 깊이가 다르듯이 말이다. 왜 같은 환경에서 배우는데 차이가 나는 걸까? 이러한 능력의 차이는 어디서부터 시작되는 것일까?

그것은 바로 부모와의 대화, 부모의 가치관, 부모의 권위와 부모가 이미 이룬 사회적 성취에서 온다.

다시 질문을 바꾸어 본다.
- 더 빠르게 급변할 아이들의 세대에서 부모인 나는 무엇을 유산으로 남겨줘야 하는가?
  → 아이의 사회적 성취와 자존감, 가치관, 학습능력.

학습능력의 시작은 엄마와의 교감, 어릴 적부터 엄마 품에 안겨 무엇인가를 공유하는 것이다. 가장 쉬운 방법은 책이다. 책을 읽는 것이다. 느리고 따뜻한 공감의 기쁨을 알기도 전에 스마트폰이나 스마트패드를 쥐어주지 않았으면 한다. 이런 공감의 기쁨을 알려줄 소중한 기회를 디지털 기기들에게 뺏기지 않기를 바란다.

책을 안 읽어주는 엄마는 있어도 책을 싫어하는 아이는 없다는 게 내 생각이다.

이 글을 읽는 당신이 곧 엄마가 된다거나, 이미 엄마라면 아이 나이만큼 책을 읽어주기를 바란다. 10살이 되면 스스로 읽게 될 테니 아무리 많이 읽어줘도 10권 정도일 것이다. 그깟 드라마 한 편, 안 보면 그만이다. 그런 건 나중에라도 얼마든지 볼 수 있다. 하지만 아이와 함께 할 수 있는 시간은 다시는 돌아오지 않는다.

아이가 이미 다 커버렸다면 아이가 읽는 책을 같이 읽고 얘기를 나눠도 좋을 것이다. 책을 통해 서로의 생각을 읽는다면, 서로의 거리를 유지해줄 가장 좋은 다리가 되어줄 것이다. 내가 10살인 딸아이가 15살 사춘기가 되어도 엄마와의 남다른 소통을 기대하는 것은 딸에게 미리 심어둔, 책으로 만든 정서적 교감의 단단한 뿌리가 있기 때문이다.

내가 선택한, 엄마만이 해줄 수 있는 유산은 이것이 모든 것이다.

아이를 위한 엄마의 선택이 스며들어 스스로의 선택도 존중받도록,

부모의 삶의 가치관이 녹아들어 아이들의 가치관도 성장하기를,

배움의 기쁨을 알고, 이타로운 삶을 이뤄내고, 삶의 목적을 비전으로 받아들이는 삶을 일궈내기를 기도할 뿐이다.

보롬* 부는 날

photo.Jan

* 제주어로 '바람'이라는 뜻이다.

오늘의 미션은 '파멍'이다.

제주에 살면서도 바다를 보러 가는 일은 생각보다 쉽지 않다. 그런 내게 생각의 바다에 들어가 고요한 명상에 잠기는 일이란 더더욱 쉽지 않은 일이다.

미션을 위해 시간을 내어 바닷가로 향한다. 바람이 살갗을 때리고 파도는 일렁인다. 멈추지 않는 파도를 멍하니 바라보는 것은 나를 위한 미션이다. 캠핑하는 사람들의 낙이 '불멍'이란 말을 들은 적이 있다. 잠시 일상을 버리고 불을 바라보며 멍 때리는 일은 삶의 루틴에서 동떨어진 공간 속에 자신을 풀어놓는 일일 것이다. 캠핑의 절정이 '불멍'이라면 내게 '파멍'이 그런 행위이다.

그렇게 파도가 들려주는 에너지의 소리를 기억하고 눈에 담는다.

한라산 중턱에 안개가 두껍게 깔렸다가 이내 바람이 불어 안개를 걷어 가버린다. 도두봉에 올라 바다를 바라보니 저만치 봄이 왔다가 간 흔적이 보인다. 무거웠던 바다색이 가벼운 푸른색으로 바뀌었다. 바다의 색이 바뀌는 과정은 어느새 스쳐 지나가 있었다.

코로나19는 나의 봄을 순식간에 빼앗아 시간을 날려버렸다. 그렇게 나만이 아닌 주변 사람들에게서도 소중한 시간과 물질과 사람들을 앗아가 버렸을 것이다. 그것은 비단 우리나라뿐만이 아니라 세계에서도 기승을 부리고 있다.

코로나 19는 사람들의 평범한 일상이 기적이었음을 깨닫게 해주었다. 지옥철이라 불리던 아침의 출근길과 등굣길, 소풍 간다며 들뜬 아이의 표정, 친구들과 어울리는 소소한 술자리, 동창회, 결혼식 등등. 이 모든 것들이 기적의 일상이었던 것이다.

반면에 하늘이 맑아졌으며, 바쁘다며 서로 같이 어울리지 못했던 가족의 식탁 시간이 늘어나기도 했으며 아이들은 틀에 묶였던 생활에서 벗어나 훨씬 자유로운 생활을 누린다. 강에는 물고기가 넘치고, 계절마다 찾아오던 습관성 질병은 잠잠해졌다.

하나가 가면 하나가 오는 게 이치이겠지만 그럼에도 바이러스의 침공은 우리를 힘들게 한다.

온라인을 통한 대화는 감정이 전달되지 않고 전시회와 라이브 음악회는 사라져 마음의 양식이 쌓일 기회는 사라졌다.

그럼에도 우리는 받아들이고 극복해나갈 것이다.

밝아진 바다 한가운데로 배 한 척이 지나가자 흰색 선이 그려진다. 흰 포말은 금세 사라진다. 배가 가는 목적지에 무엇이 나타날지 우리는 모른다. 하지만 우리는 포말을 그리듯 자국을 내야만 하는 것이다. 한 걸음 한 걸음 작지만 나아가야 한다.

각자 남은 생은 알 수 없지만 바로 눈앞에 할 일과 하루의 작은 시간들은 조금이나마 선명하다. 그리하여 작은 미션들로 채워가야만 한다.

그렇기에 이런 나의 '파명'도 배가 지나간 자국처럼 하나의 포말이 될 것이다.

바람이 또 분다. 매서운 바람이 얼굴 한쪽을 강하게 스치고 간다. 정신이 든다.

일상과 일탈 사이에서 시소를 타는 생활이 지속되더라도 나의 열정만은 수그러들지 않기를, 나의 용기가 멈추지 않기를, 나의 끈기가 끊어지지 않기를 기도하며 저 멀리 수평선에 마음을 새긴다.

퐁낭나무

이상목 감독, 영화 <Viva da Vida> 중

일탈, 새로운 세상 그리고 다시 일상

제주에는 마을 곳곳에 퐁낭나무가 있다. 어릴 적부터 제주시에서 살았던 나는 퐁낭나무를 볼 기회가 없었다. 어른이 되어 제주를 돌며 보게 된 퐁낭나무는 마을 입구마다 존재감을 드러내어 내게 다가왔다.

'퐁낭'은 제주어로 팽나무를 말한다. 짙은 녹색의 광택 나는 잎사귀가 무성하게 자라며 500년은 예사로 살기에 제주 마을의 수호신처럼 버티고 있다. 그렇기에 제주의 수년, 수백 년의 이야기가 거칠고 울퉁불퉁하고 흠이 많은 기둥에 새겨져 있다.

퐁낭나무는 바닷바람을 피할 수 없다. 느티나무가 육지 쪽을 향한다면 퐁낭나무는 해안가, 바닷가에 주로 자란다. 그래서 제주에 많이 분포돼 있는 퐁낭나무는 바람이 부는 방향으로 허리가 여러 방향으로 꺾여 있다.

해가 지는 오후가 되면 퐁낭나무의 커다란 그늘 아래로 동네 어르신들이 하나둘씩 모여든다. 일기장을 펼쳐 하루 일과를 기록하듯 도시로 서울로 떠나보낸 자식들 생각, 만족스럽지 못한 오늘의 물질, 먼저 떠난 서방의 얘기를 펼쳐내는 것이다.

남은 이들만이 자리를 지킨다. 그들은 퐁낭처럼 그 마을의 나무가 되어간다.

나무는 수백 년 동안의 이야기들을 듣고, 단단한 줄기와 뿌리에 새겨 넣는다. 기쁜 일도 슬픈 일도 외로운 일도 다 새겨 넣었더니 줄기는 구부러지고 휘어지며 뿌리는 그 속내를 알 수 없게 깊이 파고들어가는 것이다. 구부러진 허리, 패인 주름, 멋대로 헝클어진 머리칼을 가졌던 내 할머니도 퐁낭을 닮았었는지 모른다. 제주의 바람을 가장 잘 견딜 수 있는 형태로 나무도 할머니도 변했던 것일까?

제주의 바람은 낭만과는 거리가 멀다. 동서남북 상하좌우 서로 싸우듯이 휘몰아친다. 그 종잡을 수 없던 바람도 한라산 허리인 중산간에 또아리 튼 안개가 몰려 내려올 때면 서서히 누그러들고 온 세상이 하얗게 지워진다.

바람이 없는 날에 퐁낭나무는 꽃을 피운다. 무성했던 나뭇잎도 떨어지고 달콤한 열매도 날아갔지만 온몸으로 버틴 가지들이 하늘을 향해 두 팔 벌린다. 바람과 안개가 그려 넣은 퐁낭나무 꽃에 우리 할머니, 할아버지들이 대롱대롱 매달려 있다. 가장 편안한 자세로 앉아 서로의 이야기를 나눈다.

바람을 닮아간 퐁낭나무와 퐁낭나무에 기대어 한탄하고 그리워하고 웃고 떠들었을 우리 할머니와 할아버지들, 그들이 물려준 제주를 나는 사랑하지 않을 수 없다.

새별오름

photo. Jan

일탈, 새로운 세상 그리고 다시 일상

제주에는 일 년 365일을 날마다 올라도 다 오르지 못할 만큼의 작은 화산들이 있다. 백록담을 중심으로 400개의 가까운 분화구는 제주의 땅이 불꽃의 땅이었음을 증명한다.

외지의 관광객들이 무리를 지어 힐링하러 오는 산책로에 오름, 올레길, 둘레길이라는 명칭이 붙게 된 건 그리 얼마 되지 않은 일이다. 내가 어릴 적만 해도 산길을 오른다는 것은 여자 혼자 오르기에 무섭고 음침한 곳이었고, 제주도민들만 고사리 같은 것을 캐러 알음알음 다니는 비밀스런 산책 장소였다.

아버지 같은 한라산이 만들어낸 수백 개의 오름은 어머니의 모습이다. 제주 출신의 서양화가 채기선, 한라산 작가라고도 불리는 그는 한라산에 대한 끝없는 연구와 사랑을 푸른 빛 화풍에 담아냈다. 그의 작품 속 제주 오름은 어머니의 젖가슴처럼 부드럽고 넉넉한 품속을 연상시킨다. 실제로도 제주 곳곳에 퍼져 있는 오름들은 소와 말들에게 한없이 푸른 풀을 주고, 약초와 물을 공급하고, 또 목축들과 제주인들의 무덤까지 되어준다.

높지도 낮지도 않은 오름들의 산등선을 중산간 높이에서 바라보면 안개와 구름 사이를 맴도는 제주의 어머니들 모습이 보인다. 그건 마치 하늘인지 땅인지 모를 곳에서, 이승인지 저승인지 모를 곳에서 헤매고 있는 제주인들의 영혼과도 같다.

제주에는 1만 8천 개의 신이 있다는 말이 있다. 그 말에 고개가 끄덕여질 만큼 가는 곳마다 생존을 위한 간절함과 두드림이 서려 있다. 커다랗고 커다란 설문대 할망이 바다 속의 흙을 퍼내어 제주를 만들었다는 신화부터 수많은 신화로 제주의 이야기는 시작이 된다.

섬에서 시작된 섬의 이야기는 기쁜 이야기보다 슬픈 이야기들이 더 많다. 지난 날의 제주는 요즘 사람들이 생각하는 단순히 경치좋고 평화롭고 이국적인 그래서 가장 살고 싶은 핫+힐링 플레이스가 아니다. 과거의 제주는 4.3 항쟁 등의 근현대사의 상처가 채 아물지 못한 곳, 그런 가운데에서도 살아남아야 했던 아픈 곳이기 때문이다.

내가 나고 자란, 내 삶의 일부이기도 한 제주가 아픈 과거를 딛고 새로운 오름을 올라가길 원한다. 과거의 오래된 신화에만 의존하는 문화예술도시가 되지 않기를 바란다. 가해자로, 피해자로 서로 부둥켜 엉켜 살아온 어제였지만, 방향을 잡지 못했던 손가락은 다시 구부려 나를 위로하고 팔을 벌려 서로를 보듬어 안아주길 바란다.

새별오름

제주를 찾는 남녀노소 누구나 시간적, 육체적인 큰 부담 없이 한 시간 정도의 거리로 가볼 수 있는 오름으로는 용눈이, 비자림, 물영아리, 금오름, 백약이 그리고 내가 사랑하는 새별오름이 있다.

해발 519.3m 소요시간은 약 30분 정도, 천천히 걸어도 1시간 정도면 충분하다. 이곳에는 오래전부터 소와 말들이 살아 겨울에는 들불을 놓았다. 제주시에서 서귀포로 넘어가는 애월에 위치해 있어서 고속도로만 타고 달려도 압도적인 오름을 볼 수 있다.

겨울에는 들불축제가 열리는 것으로도 유명하다. 들불은 한 해 동안 해충과 해묵은 풀을 태워 재로 만든 잡풀로 다시 소와 말을 살찌운다. 오름 일대에 불을 놓아 타는 장면은 마치 한겨울에 화산이 분출하는 것처럼 장관을 이룬다. 불은 바람을 타고 달리기 시합을 하듯 오름 아래에서 출발해 꼭대기를 향해 내달리다 그 너머 아득히 저 먼 곳으로 사라진다. 그 모습을 지켜보며 사람들은 버리지 못한 욕심, 필요 이상의 걱정과 근심, 해결하지 못하는 미움 등을 담아 함께 태운다. 빨갛다 못해 노랗게 타고 있는 불길을 보며 누그러지는 나의 마음도 바라본다.

타닥타닥 오름의 해묵은 풀들이 타는 소리는 사람들의 마음을 두드린다. 모두가 오름을 보며 마음을 연다. 모든 것을 새로이 시작할 수 있고, 모든 것을 용서할 준비가 된다.

매일 새로운 노을과 구름의 놀이를 볼 수 있는 이곳을 오늘도 지나며 그 새로운 다짐과 내려놓음을 생각해본다.

4월 이야기

제주는 그렇게 아팠습니다.
울긋불긋 물들어 천혜의 꽃으로 피어내기까지.
제주는 그렇게 울었습니다.
울룩불룩 튀어나온 가슴, 오름으로 솟아내기까지.
제주는 앞으로 더 많이 안고 더 많이 쓰다듬을 것입니다.
함께하겠습니다.
　— 제주를 사랑하는 문효진 이하 〈오사카에서 온 편지〉

양정환 감독의 4.3 다큐 영화 〈오사카에서 온 편지〉와 〈4월 이야기〉의 음악을 맡게 된 것은 단지 의리 때문이었다. 영화음악을 좋아는 하지만 마니아 정도는 아니었고, 작곡가로서 영화음악을 만들고는 싶었지만 거친 남자들의 밤낮이 바뀐 생활 패턴에 음악으로 조력할 여력은 없었다.

내용은 뻔하게 슬픈 내용이었고, 결론도 뻔하게 슬픈 내용이었다. 한국 전쟁 이후 정치적인 이념과 시대에 피해보지 않은 사람이 어디 있나, 일제강점기, 남북분단, 한국 전쟁을 거쳐 보릿고개를 넘지 않은 시절이 있었나 하는 생각이 있었다.

포털사이트에서 나오는 설명은 축약되었고 문장에 주어가 없듯, 성의 없는 문장들로 나열되어 있었다.

영화 작업을 하던 2017년만 해도 아무도 제주 4.3에 주목하지 않았고 4.3위령제나 여러 행사도 제주 방송에서조차 볼 수 없었다. 뜬구름 잡는 사람과 함께 흘러 다니다 그들의 이야기를 하나씩 듣게 되었다.

오사카로 피난을 간 후 남겨진 제주 피해자들의 이야기를 취재하던 양 감독은 그들의 목소리가 되어줘야겠다는 마음으로 영화제작을 추진했다. 하지만 그 아름다운 사명감에 대한 대답은 정체성에 대한 질문, 당신이 뭔데, 제주 것도 아닌 사람이 당사자들조차 꺼내지 않는 이야기를 왜 붙들고 늘어지 나와 같은 비난의 화살로 돌아왔다.

진실은 어땠을까. 피해자와 가해자는 명확히 누구와 누구였을까.
피해자들이 원하는 위로와 보상은 어디까지이며, 가해자의 사과는 어디서부터 시작되어야 할까. 집단 이기와 다툼으로 짓이겨진 역사는 누가 정리할 수 있을까.

내 할아버지는 그 당시 경찰이었다. 4.3 발발 전 위험을 느껴 서귀포에서 5남 2녀의 대식구를 데리고 걸어서 제주시로 넘어왔다고 한다. 그때는 차도, 제대로 된 도로도 없었기에 산 사이를 거쳐 들쑥날쑥한 오름과 돌밭을 숨죽이며 며칠을 걸었다고 한다.
얼마나 많은 사람들이 여기저기로 흩어져 가족과 생이별을 하고 죽음을 당하고 이유도 없이 매를 맞고 살았을까. 도망을 나오다 발에 총을 맞은 할아버지는 오랫동안 누워계시다 누운 상태로 돌아가셨다. 아빠는 할아버지가 앉아 있는 것을 보지 못하셨다고 했다. 우리 가족은 그렇게 도망을 나와 살아남았다.

그럼에도 아버지 시대 사람들은 한국 전쟁으로 폐허가 된 이후 다시 4.3의 피로 물든 땅에서 자라났다. 물 한 모금, 땔감 하나, 밥 한 톨이 귀했고, 아버지를 잃은 아들들은 선택의 여지없이 가족을 위한 끝없는 책임의 십자가를 짊어졌다.

영화 〈오사카에서 온 편지〉에서 제주가 아름다운 것은 제주의 아픔을 덮기 위해서란 대사가 귀에 맴돈다.

물빛 물질

 나의 할머니는 상군 해녀였다. 내 기억 속의 그녀는 이마에 깊은 골짜기 같은 주름 몇 개가 길을 내고 있었고 뿌연 안개가 낀 듯한 눈에서는 희미하게 슬픈 느낌을 받았었다. 어른이 된 지금에서야 그게 나이 든 사람에게 자주 나타나는 눈병이란 걸 짐작했다. 그럼에도 초점이 흐린 눈의 눈망울은 늘 촉촉했고 어딘가를 바라보고 있었다.
 보라색 체크무늬 두건으로 길고 가느다란 머리를 감싼 모습으로 유치원 시절까지 잠 못 드는 나를 업어 제주 삼무 공원을 여러 바퀴 돌아주셨다.

photo. Jan

나는 그 앙상한 등에서 할머니의 바다 냄새를 맡으며 잠이 들곤 했다.

그 시절 사연 없는 아낙네는 없었으리라. 성난 바다에, 뜨거운 정치 불속에 남편들은 쓸려가고 남은 여자들은 모두의 설문대 할망이 되어 가족을 지키고 제주를 지켜야 했다. 제주 앞바다는 물론, 남의 바다 다른 나라까지 원정을 가며 그리운 가족을 품에 안고 태왁*을 움켜 안았다.

이어도사나 이어도사나
요넬젓엉 내여딜가리 진도바당 혼골로 가게
이물에는 이사공아 고물에는 고사공아
이어도사나 이어도사나

― 〈해녀 노 젓는 소리〉 중

성난 파도가 수만 차례 두드리고 다가가도 저 멀리 뿌연 이어도는 거리를 가늠하지 못할 만큼 신비롭게 버티고 있다.

* 태왁: 제주도 해녀들이 물질할 때 바다에 띄워놓고 채취한 해물을 모아놓는 도구.

부르는 건지, 오지 말라는 건지, 빼앗긴 자식과 4.3 이후 사라져버린 남편이 그녀를 찾는 것만 같다. 고된 바다살이는 그녀의 집이자 무덤이다.

그리고 노래를 부른다. 가슴 치며 시작한 통곡이 살기 위한 주문이 되고 버티기 위한 기도가 된다. 그 노래들은 불턱*에 모여 앉아 시작되고 온갖 설움을 가락에 싣는다.

고려시대부터 시작되어 약 100여 년이 넘은 해녀문화. 2015년 '제주해녀문화'는 유네스코 인류무형문화유산으로 등재되었다. 사회적 약자, 양성평등, 사회공헌 및 자연과 균형 있게 조화를 이룬 해녀문화와 디아스포라 정신에 온 세계가 집중하고 있다.

어느 지역의 여인이 몸을 던져 깊은 바다 속으로 들어가 숨을 버티며 자식들이 먹을 양식을 캐내 올 수 있을까. 세상에 바다는 많지만 바다의 여인은 바로 제주에 있다.

그때는 알 수도 없었던 그녀의 슬픈 눈이 다시 그려진다.

---

* 불턱: 해녀들이 물질을 위해 옷을 갈아입거나 불을 지펴 추위를 녹이며 동네 소식들을 전하는 장소로 해녀 공동체를 형성하는 사랑방이며 바람막이 역할을 한다.

나의 시대, 나의 언어, 나의 시선으로 그녀를 어두운 심연의 바다에서 꺼내고 싶다.

수고했다고 너무 고생했다고 손을 잡아주고 싶다.

그 마음이 흘러넘쳐 제주를 위한 음악을 만들게 했고 그것으로 내 마음에 파도가 일렁인다. 그 물질은 고요한 물빛이 되어 수없이 반짝거린다.

이어도사나 콘체르토
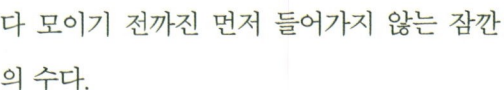
- 작곡 문효진, 연주 트리오보롬, 2018

1악장 물빛 물질

해녀들이 물질을 하러 들어가기 전.
다 모이기 전까진 먼저 들어가지 않는 잠깐의 수다.
매일 다른 물길로 그녀들에게 바다의 길을 열어주는
잔파도와 뜨거운 햇빛.
검푸른 바다 속에서 오늘은 어떤 선물들을 거두게 될지 설레는 마음을 표현했다.

이어도사나 구전민요의 기본 멜로디 라인을 9/8박자 패턴 속에서 박진감 넘치게 표현했으며 후반부 피아노 카덴차로 클래식한 느낌을 내었다.

2악장 심연 숨비 소리
깊은 바다 속 그들의 숨소리는 거칠고 심연은 고요하다.
어두운 물길을 따라 반짝이는 전복은 지금이 아니면 다시 캘 수 없다.
숨은 짧아지고 눈을 뗄 수 없는 유혹에 머뭇거리며
숨비 소리는 더 거칠어진다.

아무리 기다려도 바다에서 나오지 않은 딸과 엄마를 보내고도
다시 바다로 들어가야 하는 아픈 마음을 F minor의 고요하고도 어두운 채색으로 입혔다.

3악장 보일 듯 이어도
한 번 보면 죽음에 가까워진다는 이어도.
살기 위해서 사는 삶이 아니었던 그들에게
이어도는 이별한 남편과 자식들을 향한 그리움의 유토피

아다.

보일 듯 말 듯 일렁이는 이어도를 보며 생과 사 사이에서 초연하듯
이 땅에 그 무엇 두지 않고 거침없이 바다를 향한다.
굿거리장단에 맞춘 장구 리듬과 조율한 오케스트라와 피아노의 대화 속에
이어도사나가 맴돈다.

그림자 연습

Shadow Play I

야구 연습에서 Shadow Play는 공을 실제로 던지지 않고 하는 손의 스윙 연습을 말한다. 몸의 반복적인 자세 연습인데 상상, 이미지 연습인 것이다. 연습에는 현장감을 위한 상상력이 필요하다.

작곡가들은 상상 속에서 시작된 그림들을 멜로디로 풀어낸다. 종교음악, 왕이나 귀족같이 누군가를 위해 만들었던 바로

크 음악, 클래식 시대 이후부터 나만의 대상, 사랑과 자연에서 오는 감동, 글을 읽거나 그림을 보고 만들어진 음악들은 듣기만 해도 그 이야기의 감정이 흘러나온다.

베토벤은 하일리겐슈타트^{Heiligenstadt} 숲을, 말러는 슈바르츠발트^{Schuwarzwald}라는 '검은 숲'을 매일같이 산책했다. 그들이 본 자연은 자연 그대로가 아니라 살아 있는 생명이며 고독과 일탈 그리고 치유였다.

소리는 진동이며 그 진동으로 감정을 불러일으키고 감동으로 결론짓는다. 역시 색깔은 진동이며 그 진동으로 보는 이에게 가슴 가득 벅참을 선사한다.

> 피아노는 스스로 부유하여 시간을 뚫는다.
> 방 안에 갇혀 있던 88개의 음들은 하나씩 날아올라
> 삶의 무수한 피아노 포르테를 부른다.
>
> 피아노 연주는 바람과 구름, 꽃과 물을 만나는 일이다.
> 소리는 그렇게 있었고 나는 소리를 만진다.

문효진, <쉐도우 플레이(Shadow Play)>, 10분 영상, 2019

Shadow Play II

오래도록 꿈을 그리는 사람은
마침내
그 꿈을 닮아간다.

— 앙드레 지드

눈에 보이지 않는 일을 가시적으로 바라본다는 것은 많은 집중력을 필요로 한다. 당장 돈이 되지 않고 내게 뚜렷한 보상을 주지 않을 때는 더더욱 그렇다. 내가 사랑하는 일은 맞지만 계속 지속할 수 있을까, 생활은 할 수 있을까, 가족들을 불편하게 하거나 너무 이기적인 것은 아닐까 등 많은 질문을 쏟아낸다.

사람들은 돈으로 가치 평가를 하고 그것이 다인 양 당당하기까지 하다. 그 이상 영혼이 자유로운 세계가 있음을 아는 사람은 만나기 어렵다. 내가 보고 있는 저 호숫가 안에는 나만 보이는 보석이 반짝거린다.

항상 보이는 것은 아니기에 내 눈을 의심하기도, 때론 그 빛에 취해 황홀하기도 하다. "너도 보았니?"라고 누군가에게 확인해보고도 싶고, 얘기 나누고 싶지만 나만 지칠 뿐이다.

세상은 호숫가 주변에 주렁주렁 달린 열매들에 대해서만 얘기할 뿐이다. "너도 먹어보았니?", "너도 그 나무 있니?", "열매는 몇 개 수확했니?"와 같이 보이는 경험에 대해 얘기한다. 나는 조금 다른, 더 큰 세계, 아직 경험하지 않았지만 곧 마주치게 될, 보이지 않는 얘기를 나누고 싶다.

제주의 한라도서관 화장실 안에 붙어 있는 앙드레 지드의 글은 오래도록 지쳐 있던 나로 하여금 눈물을 글썽이게 했다. 어느 글자에 눈물이 머물렀을까. 내겐 "닮아간다"라는 결론보다 "오래도록"이란 막연한 기다림이었다.

마땅히 그 기다림이 정확한 목표처럼 결론 지을 수 있는 것은 아니다. 이미 난 내가 바라던 대로 피아니스트가 되었고, 제주 대표 작곡가가 되어 가고 있고, 사랑받는 아내, 존경받는 엄마가 되어 가고 있다.

내가 갈구하는 그것은, 보이지 않는 세계를 보이는 것보다 선명하게 보고 살고자 하는, 끝나지 않을 사명감이다. 하루를 살아도 더 나은 하루를 만들고, 이롭고 이타적이며 무엇인가에 기여할 수 있는, 유치하지만 나만의 우아하고 구별된 삶의 방식 말이다.

그 삶의 방식을 창조주에게 되물으며 '음악'이라는 선물을 받고 살아왔으니 나는 그렇게 하루하루 이루어갈 뿐이다. 결과보다 과정이 중요하다는, 그렇게 비합리적이고 비효율적인 말을 싫어하던 나는 과정을 지나가는 중이다.

> 눈에 보이는 조건을 뛰어넘는다.
> 사막에는 지도가 아니라 나침반이 필요하다.
> 바람이 불면 길이 틀려진다.

그래픽 스코어

깊은 곳에 그물 던져

나는 제도권 교육에서 따로 작곡을 배운 적이 없다. 그래서인지 피아노를 오래 공부했음에도 늘 뭔가 부족한 느낌이 있었다. 그 만족하지 못함은 내게 허기를 불렀고 나로 하여금 움직일 계기를 가져다주었다.

중학교 때부터 어설프게 시작한 교회 반주 봉사는 지금까지 이어져 30년이 되어 가고 크고 작은 단체의 반주를 하다

보니 가장 자신 있는 일이 반주일 정도로 노래가 들리면 알아서 손이 건반에 얹힌다. 교회 찬송가는 대위법, 화성법이 녹아든 네 개의 화성으로 찬송가만 대략 쳐도 기본적인 법들은 익히는 셈이다.

이론으로 배우기 이전에 실전을 접하면서 좋은 점도, 그렇지 않은 점도 있었지만 프로가 되기 전 학생으로서 현장에서 실패할 시간을 충분히 가진 듯하다.

악보를 그리는 프로그램도, 컴퓨터 음악 프로그램도 필요에 의해 독학으로 배우다 보니 겁도 없이 매주 교회 오케스트라 편곡을 시작했다.

150명이 넘는 4성부 합창단과 높은 플루트부터 낮은 바순까지 풀 편성 오케스트라와 특별히 팝오케스트라와 같이 드럼, 건반, 기타 등 밴드까지 함께 연주하기에 한 곡의 스케일은 꽤 컸다.

풀타임 작곡가나 편곡가가 아니라 두 아이의 엄마이자 피아노 선생님으로 간간이 있는 공연만으로도 시간이 촉박했다. 이미 있는 악보를 그대로 보고 그리는 것만도 며칠이 걸렸다. 다행히 음원이 있어 똑같이는 아니어도 비슷하게 음악을 들으며 편곡을 하면 됐지만, 오케스트라에 무지했던 나는 악기의 음역대, 테크닉, 톤을 주도적으로 리드할 능력이 없었다.

매주 리포트를 내듯 해 온 편곡 작업은 내게 커다란 보상으로 남겨졌다. 작곡 전공자였다면 이렇게 달려들어 배우며 이 일을 했을까.

자존심을 내려놓고 열 살이나 어린 연주자들에게 물어가며 그들의 피드백을 받아먹었다. 방법을 모를 땐 차이코프스키, 말러와 같은 대가들의 음악을 들으며 그들이 사용한 필살기를 찾아보고, 이상적인 소리와 연주자들의 연주 능력과의 조절, 현장에서의 밸런스, 노래와의 조화 등을 배워 가며 매주 내가 편곡한 오케스트라와의 피아노 협연을 하는 것이다.

비싼 돈을 들여 오케스트라를 사야 하는데 나만의 오케스트라가 생긴 것이다.

5일이 걸리는 것은 3일로, 3시간이 걸리는 것은 30분으로 줄어들면서 학습 방법이 맞으면 습득에도 가속도가 붙는다는 것을 알게 되었다. 그리고 무언가를 배우는 것이 두렵지 않게 되었다.

성경 이야기에 밤이 늦도록 물고기를 잡지 못하는 어부들이 있었다. 멀리서 한 남자가 얘기한다. 더 깊이 들어가서 고기를 잡으라고. 어부들은 이미 지쳤고, 그 남자는 어부도 아니었다. 그러나 선생님으로 보이는 남자의 말을 듣고 깊이 들어갔더니 그날 밤 그물이 찢어지도록 물고기를 잡을 수 있었다.

많은 악기와 음표들을 나열하며 의도치 않게 실수한 것들이 하나의 회화로 보이기 시작했다. 길어진 음표꼬리, 사라진 마디, 비뚤어진 지시어.

깊은 곳에 그물을 던지는 심정으로 나를 미끼삼아 바다에 던졌다. 그곳에서 이전에 볼 수도 만질 수도 없었던 찬란한 빛깔의 보석, 신기한 물고기들, 아름다운 소리들을 만날 수 있었다.

문효진, <깊은 곳에 그물 던져>, Graphic Notation 30*30, 2019

깊은 곳에 그물 던져 Threw a net into the deep

하고 싶은 일인지
할 수 있는 일인지
해야 하는 일인지 모를
경계가 모호해진 안개 낀 물가에서

이미 어둡고 깊은데
더 깊이 들어가야 찾을 수 있다는 것을.

눈을 감고
에메랄드 빛
가늘고 서툰 그물을 던진다.

사랑은 오래 참고

내 능력 밖의 일들을 능력 안으로 만드는 일은 내 옷을 찢듯 고통스럽게 나를 던지는 일이다.

피아니스트에서 크로스오버 작곡가로, 기획자로, 오케스트라 편곡가로 그리고 새로이 도전하는 그래픽 스코어 아티스트로 보이지 않는 무한한 세계로 이끌리어 멈출 수 없는 발걸음을 이어간다.

익숙해지면 열정이 사라진다. 학력과 경력, 경험을 내세우는 것만큼 유치한 자랑은 없다. 안정을 찾는 일은 정말 중요하다. 특히 가정이 있는 예술인이라면. 그러나 그건 가장 위험한 일일지도 모른다.

안정적인 경제 궤도 안에 머무르고 경제활동을 하는 시간, 생각은 멈추고 새로운 발상은 사라진다. 피아니스트로서 보다 더 값진 작곡가로서의 삶을 택한 뒤 몇 마디 멜로디에 밤잠을 설치지만 내 삶은 기록과 기여의 소명으로 더 가득 찬다. 더 많은 사람들의 박수와 주목으로부터 자유로워진 건 오랜 기도의 결실이었을까 아니면 자기합리화의 답이었을까.

어느 쪽이든 이중적이고 모순된 시소 한가운데서 예술과 대중, 타이틀과 작품, 가정과 꿈의 사치를 저울질하며, 희미하지만 매일 달리는 도로에서처럼 거침없이 달려가 보고 싶다.

결실은 시간의 교차로
주고받고
엇갈리는 거미줄에 붙들려
흔들거리는 지겨운 파도

머리로 훈련되지 않는 인내는
더 큰 사랑을 만날 때 녹더라
주는 것 없이 거저 받는 사랑은
시선을 돌릴 때 발견되더라

헛된 노력 너머
희미하게 일렁거린다
사랑함으로 피차
상처도 받는
낯설게 흐드러진 마음 밭

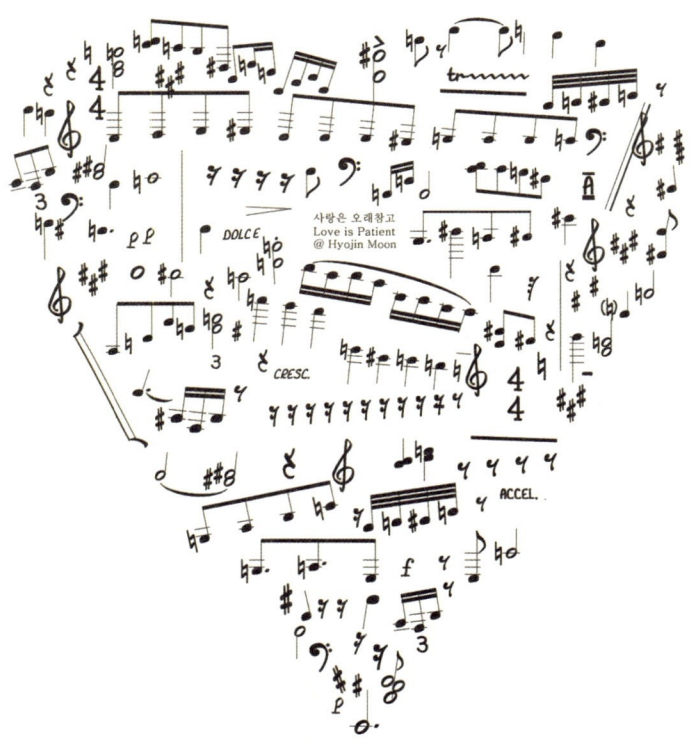

문효진, <사랑은 오래 참고>, Graphic Notation 50*50, 2019

음악처방전

예술은 분명 감정을 터칭한다. 그림으로든 음악으로든 다가온 진동은 가슴 속을 파고들어 휘몰아치다 가라앉으며 감정을 다스린다.

미술이나 심리치료에서는 아이들의 그림이나 놀이를 통해 아이의 정서와 부모와의 관계, 학습 능력 등을 파악한다. 음악치료는 조금 다르다. 음악으로 자기 감정을 다스리려면 일정의 시간과 노동을 통해 학습해야 한다. 완성도가 필요한 연주보다는 음악듣기, 감상 이후 글이나 몸, 연극을 통한 접근이 필요하다.

모차르트 음악을 들으면 태교에 좋다는 연구가 발표된 후 모차르트 음악은 임산부, 공부하는 수험생, 아침을 위한 음악으로 많이 사랑받고 있다. 일정한 박자가 주는 안정감은 뇌세포 시냅스 형성과 심신에 큰 영향을 준다.

요즘 많이 거론되고 있는 감정코칭 설명서에는 먼저 감정에 이름을 붙이라고 한다. 지금 내 감정이 어떤지 이름을 붙이고 관계를 맺은 대상과 어떻게 풀어나가야 할지, 코칭과 멘토의 역할을 맡아 소통하며 함께 방법을 찾아가야 한다고 말한다.

음악으로 나의 감정을 처방해주는 의사선생님이 있다면 어떨까?

기분이 우울할 때, 너무 흥분될 때, 집중력이 필요할 때, 보다 더 구체적인 나만의 감정이 있을 때 누군가와, 아니면 온라인을 통해 쏟아붓고 처방받은 음악에 감정을 풀어 해소할 수 있다면 말이다.

1. 어떤 색깔을 좋아하세요?

프랑스의 라비냑 박사는 소리와 색깔을 매칭하여 공감각 이론을 설명했다. 색과 소리는 절묘한 대응관계를 이뤄 인간이 가진 감각기관 중 수용능력이 가장 큰 시각과 청각을 연결한다. 경쾌한 소리는 원색에, 둔탁한 소리는 어둡고 희미하거나 칙칙한 색에 해당된다.

색에서 소리를 느끼는 것은 문학에서도 쓰인다. '푸른 물소리'에서는 소리도 들리고 색도 보인다. 색과 소리는 파동처럼 같은 물리적인 특성이 있어 공감각의 공유가 가능하기 때문이다.

우리나라에도 다섯 가지 오방색(빨강, 파랑, 노랑, 하양, 검정)이 있는데 다섯 음인 음계 '궁상각치우'의 소리이자 색이다. '도, 미, 솔' 으뜸화음은 빛의 삼원색인 '빨강, 초록, 파랑'이 가진 파장과 같다는 연구도 있다.

"어떤 색깔을 좋아하세요?"라는 질문은 단순한 질문 같지만 이 질문을 시작으로 그 사람의 감정 처방을 시작한다.

라비냐 박사가 정리한 대로 단순하고 깨끗한 빨강의 '도', 화려하고 활발한 주황의 '레', 온화하고 기쁜 노랑의 '미', 소박하고 목가적인 초록의 '파', 유쾌하며 우아한 파랑의 '솔', 아름답고 슬픈 남색의 '라', 에너지 넘치는 정열적인 보라색의 '시'까지. 들으면 들을수록 그럴싸하다.

2. 감정의 템포

좋아하는 색으로 음악 만들기의 가장 첫 시작인 조성이 정해진다.

이제 박자가 필요하다.

춤추는 3박자의 왈츠, 밀고 당기는 탱고의 싱코페이션, 조금 바쁜 듯 8비트, 흐르는 듯 6박자 등 다시 묻는다.

심장박동을 재 볼게요.

귀여운 장난감 캐릭터의 청진기로 대상의 감정 템포를 체크한다. 당신의 템포는 ~입니다.

더 구체적으로 들어가 보자.

좋아하는 색이 보라색이라니 5개의 샵이 있는 복잡한 B장조 그리고 3박자 왈츠. 이제 멜로디가 필요하다.

3. 멜로디 라인, 톤컬러

좋아하는 단어를 골라주세요.
미리 준비한 단어카드들을 펼쳐놓는다.
각각의 카드에는 단어들이 쓰여 있다.

그네, 한순간, 모자, 잠을 못 이루다, 여름비, 비바람, 첫 키스, 후회, 스며들다

카드 몇 개를 고른 뒤 이야기는 시작된다. 그 이야기는 기대에 찬 상승형의 멜로디인지, 슬픔을 위로하는 차분하고 움직임이 더딘 멜로디인지, 응원의 단순하고도 악센트가 많은 화성인지 구분한다.

같은 멜로디도 속도에 따라 느낌이 달라진다. 급하게 걷는 발걸음인지, 느긋이 생각하며 걷는 산책같은 속도에 따라 멜

로디가 공중에 머무는 시간과 연결선, 시작과 끝의 크기가 결정된다.

감정에 이름을 구체적으로 붙여가며 멜로디도 선명해진다. 피아노에 오보에 소리를 얹어볼까. 딸에게 힘내라고 엄마가 주는 편지는 자작한 피아노 배경에 엄마의 포근한 목소리를 담는다.

4. 구성과 길이

주사위를 던져볼까요? 6개의 점이 있는 주사위는 우연의 결과로 화성의 진행을 결정한다. 1번은 16마디 블루스 패턴, 2번은 렛잇비 12마디 패턴, 3번은 발라드 패턴 등 미리 번호로 지정해 주사위 번호가 나오는 대로 음악의 구성은 완료된다.

그 자리에서 감정 상담은 마무리되고 처방전이 필요하다. 만들어진 음악은 다시 회화로 바뀌어 악보로 출력이 된다. 연주를 위한 악보가 아닌, 나의 이야기로 만든 악보이다. 이야기 그림은 벽에 게시되어 나만의 작품이 되고 다른 사람들의 작

문효진, <작곡가의 방, 스토리 프렐류드>, 설치, 2019

품과 조화를 이룬다.

스토리 푸가*는 스토리를 담은 음악이 악보로, 그림이 된 작품들과 함께 QR 코드를 통해 사이트에서 음악도 들을 수 있다.

스토리 프렐류드는 여러 참여자와 스토리 음악처방전을

* 푸가: 여러 개의 주제가 규율적으로 모방 반복되며 법칙에 의해 이루어지는 악곡. 음악의 아버지 바흐가 프렐류드와 푸가를 한 묶음으로 48개의 모든 조성에 맞게 만들었다.

문효진, <작곡가의 방>, 설치, 2019

만들어 음악+악보를 전시 기간에 완성하는, 함께 만드는 작품이다. 음악가로서 공연 시간에 구애받지 않는 전시회는 늘 꿈의 공간이었다.

아날로그 해체된 피아노와 디지털 피아노의 접점에서 소리와 이미지가 중첩되며 이야기로 전달되는 시선을 확대시키고 싶다.

음악처방전

Story Prelude Prescription
스토리 프렐류드 처방전

1	Title								
2	Tempo	40	60	80	100	120	140		
3	Key Signature	Major minor	C	Db	D	Eb	E	F	Gb	G	Ab	A	B
4	Melody Type	3/4 Waltz	4/4 Ballad	4/4 POP	4/4 Bossa Nova	6/8	12/8		
5	Tone Color	Sadness	Joyful						
6	Chord Progression	I-IV-V I-IIm-V I-VIm-IIm V I-IIIm-VIm-IIm-V Let it Be : I-V-vi-IV Canon : I-V-vi-iii-IV-I-IV-V 천국의 계단 : ii-V-IM7-IV-vii-III-vii Fly me to the Moon : vi-ii-V-I-IV-vii-iii-vi-VI								
7	Story								

Date _____   Composer _____

2019.8.17.-9.7 문효진 피아노해체 음악전시 '스토리푸가'
www.piamoon.modoo.at

일탈, 새로운 세상 그리고 다시 일상

트리오 보롬

　제주도청에서 주최하는 국제교류공연으로 해외를 가게 되었는데 무엇인가 제주적인 것을 해야 할 듯하다며 연락이 왔다. 일전에 기획공연으로 오케스트라 협연을 하게 되었고 나만이 할 수 있는 것을 해 보자는 도전정신 하나만으로 무척이나 이름이 멋진 〈이어도사나 콘체르토〉를 작곡하였다. 오케스트라도 잘 모르던 내가 악기를 하나하나 공부해가며, 머리를 하얗게 지새우던 밤들이 있었는데 그 밤들이 아깝지 않게 나를 찾아주는 곳이 있었다.

누가 돈이라도 많이 준다면 그리도 열심히 했을까. 무려 3악장까지 오케스트라 풀 편성으로 감히 피아노 협연곡을 만든다는 것이 가능했던 게 이미 과거라니 참으로 다행스럽다.

내가 나이가 들어 내 아이들이 기억해주겠지 하는 생각으로 만들어 놓은 음악 덕분에 해외를 가게 된다니, 놀랍고도 놀라운 일이었다. 물어물어 나한테까지 연락이 왔다는 것은 그만큼 제주 음악이 없었다는 말과 같다. 합창곡이나 가곡들은 있다고 해도 기악곡이나 연주곡이 없다는 것은 참으로 안타까운 일이다.

시간은 2주밖에 남지 않았고 멤버도 정해지지 않았다. 황금 휴가철에 4일이나 중국에 갈 수 있는 사람을 찾아야 했다. 오케스트라 곡은 가장 작은 오케스트라, 트리오 편성(피아노, 바이올린, 첼로)으로 축소하고 나이가 제일 많은 내가 팀의 총대를 메게 되었다.

결속력이 필요했다. 나는 내 음악을 다시 선보일 수 있게 되었고, 다른 멤버는 내가 함께 가주길 바랐다. 제주의 세 여인이 '바람'이란 뜻을 가진 '보롬'을 붙여 '트리오 보롬'이 되었고 제주의 정서와 동양의 에너지를 서양 악기로 변환시켜 어디든 갈 준비가 되었다.

큰아이는 3학년, 작은아이는 1학년이니 풀타임 엄마라 해도 정신이 없었지만 시간이 많다고 계획된 일을 다 하는 것은 아니리라. 오케스트라 곡을 대폭 줄이고, 덤으로 아리랑 같은 한국을 대표하는 음악도 하고 싶어 이틀 만에 만들어버렸다. 아니 그럴 수밖에 없었다.

그렇게 몇 차례 제주를, 한국을 대표하는 자리에 서다 보니 무엇인가 말랑말랑한 것들이 단단해져갔다. 생각하고 말하는 것은 모두 이루어졌다.

촌스럽게 창단 연주회 하지 말자, 음반 내고 발매 콘서트 멋지게 하자, 라디오 프로그램에서 음악이 나오도록 하자, 기념품으로 에코백도 선물해 주자, 클래식과 대중음악 페스티벌에 둘 다 갈 수 있도록 하자, 제주 대표로 제주 밖에서 활동하자….

이미 세상은 더 이상 새로울 것이 없을 정도로 교류와 소통을 통해 문화가 획일화되어 가고 있다. 가장 제주적인 것이 세계적이란 말은 이루어지고 있다. 봉준호 감독의 가장 개인적인 것처럼 말이다.

정권이 바뀌자 시대도 바뀌었다. 형식일지라도 사과와 용서 치유를 향해 흘러가고 있다. 제주의 문화 코드는 해녀와 제주 4.3이 되었다. 그 두 가지를 빼고는 말을 할 수 없을 정도로 많은 이들이 배우고 알아가고 만들어내려고 한다. 4.3 폭동이 항쟁으로 바뀌었고 피해자들도 가해자의 사과 여부를 초월하여 마음을 열어 치유받고자 손을 내밀고 있다.

독일은 365일 유태인 학살에 관련된 행사를 한다. 게토에서는 늘 음악회가 열리고, 다시는 똑같은 죄를 짓지 않겠다는 독일인들의 진심의 회개가 서려 있다. 지나가는 관광객도, 공부만 하는 유학생들도 그곳에서 역사를 만난다. 그 진실한 회개는 다시 스스로의 질문으로 돌아온다. 내가 알지 못했던 나의 고향, 나의 나라.

가난한 부두 앞 술집 반주음악이었던 탱고음악이 피아졸라를 거쳐 세계적인 뉴탱고음악이 되고, 대니보이 등 찬송가의 수많은 멜로디가 그 나라의 구전민요로 만들어지고, 헝가리의 졸탄 코다이가 300개가 넘는 민요들을 기록하였듯이, 기록은 과거와 미래를 연결한다. 예술만이, 문화만이 구멍과 상처를 메울 수 있다.

많은 사람들이 해변과 숲, 인생 샷을 꿈꾸며 제주를 찾는다. 그 인기에 힘입어 바다 앞의 전망은 커피숍으로 가득하고, 제주는 숨을 곳 없이 도시화가 되어간다. 제주의 서부, 동부, 올레길, 관광지도 다 돌았다면 제주를 뒷받침하는 해녀박물관, 4.3평화공원, 김만덕 기념관 같은 곳을 둘러보고 진짜 제주를 만나보기를 권한다.

그리고 진짜 제주 음악도 들어보기를 또한 소망한다. 서양음악을 국악으로 연주하는 경우는 요즘엔 흔하지만, 제주음악을 트리오인 서양악기로 연주하는 일은 참으로 드물다.

나도 검색해서 알게 된 것인데, 지난 여름 발매한 '트리오 보롬'의 음반 「그 섬」에 대해 월간 오디오에서 별을 5개나 주며 리뷰를 해주었다. 그 내용은 이렇다.

이질적인 두 분야를 융합시키면서 편하고 순한 국악의 매력, 가장 현대적 음악에 가까운 제주 민요.

자작곡인지, 민요인지 구별 못할 만큼 자연스럽게 녹아있으며 언제 어디서 들어도 누구나 부담 없이 들을 수 있는 음반.

우리 할머니들의 노래, 오돌또기, 느영나영 같은 곡들을
피아노 트리오로 듣는다면 어떨까?

피아노 트리오로 전해지는
우리의 할머니들의 오래된 숨결,
주름진 세월.

할머니 생각이 난다.
할머니 두건, 그리고 그 냄새.
그래서 더 만들어가고 싶다. 나의 유년의 추억들을.

트리오 보롬(바이올린 김혜미, 첼로 이현지, 피아노·작곡 문효진)

음악 책갈피

　음악전시를 진행하며 생각보다 반응이 좋았던 전시 코너, '음악 처방전'을 좀 더 끄집어 내보기로 했다. 음악을 듣는 공간을 전시장에서 책으로, 그리고 제주의 책방으로.

　제주에는 독립 서점들도 많다. 약 60여 개로 전국에서 가장 많다. 그 가운데에는 육지에서 일부러 찾아오는 '명소'가 된 곳들도 꽤 있다. 꽃을 함께 파는 '디어 마이 블루', 시집만 파는 '시옷 서점', 음반을 함께 파는 '풀무질' 같은 곳들이다.

책방 투어, 책방 지도, 책섬 예술제가 생길만큼 제주에도 새로운 문화 관광지가 생긴 것이다. 참으로 반가운 일이다. 자연이 무한히 주는 자연 관광, 커피숍 투어, 맛집 투어에 더해 따뜻한 감성 하나 채울 수 있는 공간까지.

제주의 음악들을 만들며, 제주의 대표적인 음악가가 되기로 다짐하면서 한편으론 제주의 음악은 제주인이 해야 한다는 편견에 빠져버린 걸까. 누가 등떠민 것도, 누가 일부러 짊어지게 한 것도 아닌, 내가 나에게 준 숙제같은 무거운 사명감에 머리가 아프다가 다시 균형을 찾는다.

모두가 사랑하는 제주, 모두가 찾는 제주를 함께 만들어가야 한다는 생각에 사람들에게 좀 더 가까이, 다가가야겠다고 생각하게 됐다. 내가 갈 수 없으니 그들이 가는 곳, 책방에서 말이다.

사랑하는 공간에 머무를 때 사람들은 기록을 남긴다. 누군가와의 소중한 시간을 기록하며 그들의 추억을 남긴다.

코로나19 이후 우리는 새로운 만남, 공간, 변화에 많은 제약을 받게 되었다. 반대로 소소했던 일상과 가까운 사람들과의 관계, 추억들은 더 소중해졌다. 추억을 기록하는 방식을 넓혀 나가고, 문화 속에 예술이라는 범위는 확대가 되어간다. 전문가가 아니어도 무엇인가 만들어가며 전문가가 되어가고, 나의 삶을 기록하는 과정을 통해 모두가 예술가가 되어간다.

'위기'는 '위대한 기회'의 줄임말. 지금과 같은 위기의 순간, 심리 방역, 치료를 위해 나의 삶을 좀 더 아름답게 기록하는 것만큼 좋은 돌파구는 없기 때문이다.

제주의 책방을 찾아보다가 문득 몇 년 전 들었던, 우도에도 책방이 있다는 얘기가 생각났다.

우도, 섬 속의 섬.
어릴 적 부모님과 함께 갔던 우도가 생각났다. 작은 섬 바다를 채운 하얀 모래사장. 너무 하얘서 눈이 부실만큼 반짝였던.

우도에 단 하나의 서점이 있다. '밤수지 맨드라미'.
어쩌면 우리나라 가장 남단, 가장 먼 곳에 있을지 모를 이 책방의 이름은 제주, 우도에 사는 세계 희귀종 산호초 이름이다. 그 이름부터 낭만적인지 이곳을 찾는 사람들은 하나같이 감성이 넘치는 사람들일 것이라는 기분 좋은 예감을 품고 새로운 프로젝트 '음악 책갈피'를 시작했다.

우도의 책방, '밤수지맨드라미'를 방문한 사람은 '음악책갈피'를 받는다. 그 책갈피에는 큐알 코드가 있는데 접속을 하면 우도의 주제곡 '우도, 반짝이던 모래'를 들을 수 있다. 그리고 음악을 들으며 방명록 노트에 글도 남길 수 있다. 어떤 형식이든 진짜 이야기면 된다. 제주를 온 이유, 우도를 찾아온 이야기를 남겨주면 마음이 움직이는 스토리를 골라 음악 클립을 만든다. 이 클립들이 하나의 가상 공간에 쌓이고 쌓이면 서로의 제주를 공유하고, 책방을 거점으로 한 그 마을의 음악 아카이브가 되는 것이다. 얼마나 멋진 일인가!

'밤수지 맨드라미' 책방으로 오는 길은 결코 쉽지 않다. 비행기를 타고 다시 또 배에 몸을 싣고, 섬에 도착해선 전기자동차까지 타야만 도착할 수 있는 이곳에 사람들은 왜 모이는 것일까? 궁금했던 나는, 그들의 이야기를 읽어보며 많이 행복했다. 힘이 들 때마다 우도를 찾는다는 분, 5년 만에 다시 찾아온 우도주민, 아이를 기다리는 부부, 이루지 못한 꿈을 다시 시작하겠다는 분.

글을 읽자마자 멜로디가 떠오르며 음악을 만드는 과정은 내게 많은 영감을 주웠고 창작의지를 불태울 수 있었다. 이것으로 음악 처방전을 넘어 음악 서비스를 해 줄 수 있음에 감사했다. 음악치료의 임상실험은 아니지만, 음악의 힘이 이토록 우리 삶을 풍요롭게 하는구나 하는 것을 새삼 또 느끼게 되었다.

제주는 각기 다른 바람결, 바다, 지형을 가지고 있어 가는 곳마다 새로운 문화가 있다. 그 안에 자리잡은 동네 책방, 문화공간 안에 음악이 녹아들며 제주만의 '음악 지도'를 만드는 것, 이것이 나의 빅 피쳐이다. 나는 오늘도 그 아름다운 음악 지도를 차근 차근 그려나갈 것이다.

그 뿐 아니라 올레길 입구, 박물관 화장실, 오름 중턱 곳곳에 제주의 소리를 담은 사운드 존 sound zone, 소리 공간 sound space 이 있다면 제주의 여행길은 좀 더 특별해질 것이다. 그냥 눈으로 보는 것 뿐만 아니라 소리로 느끼는 제주, 보고 듣고 느끼는 공감각적인 시선으로 체험할 수 있는 제주를 만들어 갈 수

있지 않을까. 물론 이러한 작업은 나 혼자 해낼 수 있는 일은 아니다. 이러한 제반 여건을 갖추기 위해서는 어느 개인의 힘으로 추진하기보다는 이와 같은 뜻을 함께 하는 이들, 서로의 니즈needs를 상생할 수 있는 공공단체 등의 협업이 요구된다.

    엄마로, 아내로, 작곡가로, 아티스트로 살아가도 한 사람의 몫인 것처럼, 두서없이 음악을 만들고, 악보 그림을 그리고, 글을 쓰는 것 같아도 멀리서 보면 이 모든 것은 하나의 길로 이어진다.

내가 사랑하는 가족, 고향, 나라를 더욱 빛내고 싶은 이타적인 마음의 시작이라는 것에 초점을 맞추며 질적인 완성도, 명확한 기준도 없는 음악 수필을 이렇게 시작한다.

> 비밀의 소리를 채집하고,
> 바람이 된 피아노를 연주하고,
> 제주의 자화상을 그려보는
> 일상과 일탈의 시작.

2악장

뮤직 아뜰리에

집착
베토벤과 고흐

Ludwig van Beethoven(1770~1827, 독일)
Vincent van Gogh(1853~1890, 네덜란드)

올해 2020년은 베토벤 250년 기념해이다. 전 세계 어디를 가나 클래식계의 키워드는 단연 베토벤일 것이다.

우리가 흔히 알고 있는 유명한 작곡가의 음악을 연주하기까지는 생각보다 많은 시간을 기다려야 한다. 〈엘리제를 위하여〉의 유명한 2마디 멜로디는 피아노를 배우지 않아도 흉내 내기 쉽지만 완주를 하기까지는 적어도 3~4년의 시간을 인내해야 한다.

바이엘, 체르니, 하농, 클레멘티, 부르크뮐러 작곡가들의 기초 연습곡 정도는 지나가야 작은 소품을 다룰 수 있고, 우리가 천재라 부르는 모차르트 소나타를 만날 즈음에 대회도 나가보고, 음악을 계속하느냐, 전공을 하느냐 마느냐의 갈림길에 서게 된다.

평생의 직업을 선택하는 시기도 아니었던 초등학교 5, 6학년 때 피아노를 그만둬야 할 이유가 없었던 나는 학원에서 나와 일대일 레슨을 시작하며 베토벤의 젊은 시절 소나타를 만났다.

가발을 벗어 던진 곱슬머리, 굵은 얼굴선과 늘 바쁜 듯한 걸음걸이와 남겨지지 않은 미소.

모차르트와 같은 천재로 키우고자 했던 아버지로부터 음악 학대를 당했던 불우했던 어린 시절. 귀족들의 눈에 들고자 나이를 속이고 가정의 생계를 이어가야 했던 어린 베토벤에게 음악은 과연 어떤 도구였을까.

애증의 아버지가 돌아가신 뒤 청년이 된 베토벤은 후원을 받아 음악의 도시 비엔나로 옮겨 간다. 그리고 기억한다. 혼란의 유년 시절에 한 줄기 빛이 되어 준 스승 네페에게 배웠던 음악의 새로운 이유. 돈과 명예를 위한 음악이 아닌 자신의 생각과 가치를 음악 안에 담아야 한다는 가르침은, 죽는 순간까지 베토벤을 살아 움직이게 하는 불씨가 되었다.

귀족들의 후원 없이는 음악 활동이 어려웠던 시절, 그는 자신만의 창작 악보를 만들고 공개 연주회도 가졌다. 베토벤이 열어준 예술가들의 자유와 평등, 인본주의 정신은 자신의 감정을 마음껏 노래하는 낭만주의 시대의 다리 역할을 해주었다. 그뿐이랴. 음악인에게 가장 중요한 귀가 안 들리면서도 흔들림 없이 작품을 놓치지 않았다.

나였다면, 나였다면 어땠을까. 생각해본다. 귀가 들리지 않고, 손가락을 다치고, 눈이 멀었다면, 나의 예술정신은 여전히 살아있을 수 있을까. 2020년 포스트 코로나 시대에도 여전히 배부른 아티스트가 되고자 하는 것은 아닌지 돌아보게 된다.

내가 제주에 살며 길가의 이름 모를 꽃과 나무들, 유유자적한 갈대들의 춤과 매일 새로운 구름들을 보며 위안을 얻듯이,

베토벤도 산책을 통해 계절이 바뀌는 바람을 먼저 맞으며 자연과의 시간 속에서 영감과 힘을 얻었다. 사람들의 평가와 박수로부터 초월할 수 있었던 힘의 원천은 그가 매일 밟았던, 오후 2시의 하일리겐슈타트 숲길에 있는 비밀의 소리였으리라.

사람의 귀를 넘어 영혼의 귀를 선물로 받은 그가 귓병을 이겨내며 만든 첫 곡이 제6번 〈전원〉 교향곡이었다. 귀가 안 들리는데 전원이라니. 참으로 이해할 수 없음에도 세상 너머의 소리를 소유하고 그것을 음악으로 남겨낼 수 있다니 베토벤은 피할 길을 주신 신에게 감사하지 않을까.

음악으로 계급 사회에 맞설 뿐 아니라 장애를 극복하여 인류의 모퉁이 돌이 된 베토벤. 그는 그가 사랑하는 모든 소리에 집착했다. 집착이란 어떤 것에 늘 마음이 쏠려 잊지 못하고 매달리는 것이다.

그의 아름다운 집착은 〈전원〉, 〈운명〉, 〈합창〉 등 9개의 교향곡과 16개의 현악 4중주, 3개의 오페라 그리고 지금도 대학 문의 열쇠가 되는 32개의 피아노 걸작들 〈월광〉, 〈열정〉, 〈폭

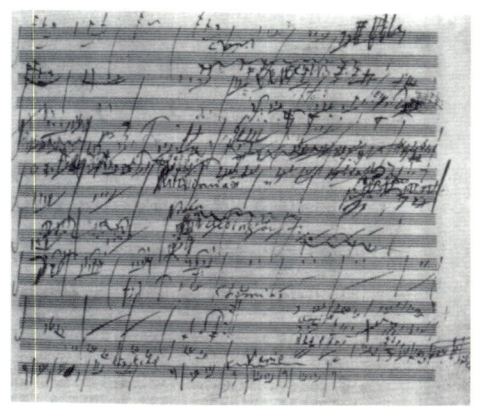

베토벤, 교향곡 6번 <전원>

풍〉 소나타를 만들어냈다.

어느 날 그는 늦게까지 집에 가지 않고 밤하늘의 달을 본다. 유난히 밝은 달을 통해 내면의 거울을 보듯, 달빛과 별빛이 쏟아내는 소리들을 〈월광〉 소나타에 담아 넣는다.

베토벤의 〈월광〉 소나타 3악장을 들으면 고흐의 그림 〈별이 빛나는 밤에〉가 생각난다.

측두엽 뇌전증을 앓았던 고흐에게 세상이 그렇게 보였을 뿐이다. 똑같은 그림을 여러 번씩 그렸던 그에게 사람들은 집착이라 말하지만 그에겐 늘 새로운 장면이었다.

그는 천재들에게 주어지는 공감각*을 신에게 선물 받았지만, 동시에 양극성 장애**도 함께 받았다. 소리와 그림이 하나로 보이지만 동시에 기쁨과 절망도 함께 요동쳤다.

평생의 후원자 동생 테오는 고흐에게 노란 집을 준비해 준다. 그나마 가까운 선망의 대상이었던 고갱이 노란 집에서 고흐와 함께 작업을 하게 되면서 이 둘은 둘도 없는 예술 친구가 되었다.

그러나 이유 없이 사랑하던 남녀들도 시간이 지나면 이유를 가지고 헤어지는데, 다른 성격, 다른 성향의 두 남자는 예

---

* 공감각: 어떤 하나의 감각이 다른 영역의 감각을 일으키는 일.
** 양극성 장애: 흥분된 상태와 우울하고 억제된 상태가 교대로 주기적으로 나타나는 병.

술적인 견해로 멀어진다.

평생 작품을 한 점밖에 팔지 못했던 고흐에게 선배 노릇을 했던 고갱은 잎사귀가 다 떨어진 해바라기를 그리고 있는 초점 없는 눈빛의 고흐를 그린다. 거기다 고갱이 자신의 자화상을 다시 그린 고흐의 그림을 비판하면서 고흐는 큰 상처를 받게 된다.

평생 동생에게 생활비를 받으며 쌓아둔 미안함은 자괴감으로, 성공하지 못한 예술가의 슬픔은 우울함으로, 유일한 친구였던 고갱과의 벌어진 관계는 허무함으로 증폭되어 결국 고흐는 자신의 귀를 자르고 스스로의 목숨을 끊는 극단적인 행동에 이르고 만다.

자화상 속 고흐는 시끄럽고 웅성거리는 듯한 배경에 거친 주름과 다부진 입매, 불만스러운 눈매와 고집스러운 코를 가지고 있다. 그래서 이해관계가 확실하고 강하게 자신의 의견을 내세우며, 손해 보지 않을 것 같은 강단 있는 사람처럼 보였다. 자신의 귀를 자르고, 극단적인 인생의 결말을 맞을 만큼 즉흥적이고 폭력적인 사람일 줄 알았다.

그러나 '왜 그랬을까'에 초점을 두고 다시 그림을 보거나 동생 테오와 주고받았던 편지를 보면 그는 무척이나 신경이 예민하고 약하여 흔들렸던 것이다. 네덜란드의 존재감 있는 개혁교회 목회자 아버지, 저명한 신학자였던 숙부, 그림 보는 눈이 있어 고흐 말고 다른 작가들까지 후원했던 미술 딜러 동생 테오 앞에서 고흐는 늘 떨렸던 것이다.

고흐는 안타까운 이웃을 외면하지 못하고 그림과 봉사로 일평생 살고자 했던 착한 천성을 가졌으나 시대적인 외면을 감당하지 못해 마음의 병이 커졌다.

자신이 이루고자 하는 꿈과 다른 현실, 잘 팔리는 그림과 본인이 추구하는 그림과의 간극, 경제적인 압박 속에서 고흐는 매일같이 자신만의 세계에서 별이 빛나는 밤을 서성거리며 그림을 통해 은밀한 고백을 했다.

아버지처럼 목회자를 꿈꿔 늘 성경을 외우고 다녔던 고흐는 자신의 그림 속에 신앙을 담아내기도 했다. 〈별이 빛나는 밤〉*에는 12개의 별과 교회 종탑을, 〈밤의 카페테라스〉**에서는 흰옷 입은 예수님과 12명의 제자, 창틀 십자가를 통해 그림 속에 자신만의 '최후의 만찬'을 숨겨두었다.

난 이 은밀한 고백을 믿는다.
미약한 감성의 완벽주의자 고흐.

1,500여 개의 작품 중 딱 한 점의 그림을 판매하고, 동생으로부터 50프랑(7만 원)의 생활비를 받아 그린 그림이 오늘날 500만 유로(약 71억 원)가 되기까지 130여 년.

스스로 들어간 생레미 정신병원에서 그가 그린 그림들은 세계 걸작이 되었다. 우울하고도 고독한 시간이 계속되었지만 그는 밤하늘 별들의 잔치를 보았다. 불꽃처럼 하늘을 향해 솟아오른 사이프러스 나무와 춤추는 별들을 보며 고흐는 베토벤이 보았던 영혼의 소리를 들었을 것이다.

그는 시대를 거슬러 이루지 못한 꿈을 그의 귀에 담아 베토벤에게 선사한 것일까.

* 출처: 『반 고흐, 꿈을 그리다』, 라영환, 피톤치드.
** 출처: 『허핑턴포스트』, 제어드 박스터.

고흐, <별이 빛나는 밤(The Starry Night)>, 1889

"고독은 커다란 귀. 누군가 불러주길 기다린다."

어떤 연극에서의 대사가 생각난다.

집착. 어떤 것에 늘 마음이 쏠려 잊지 못하고 매달리는 것.
우리는 어떤 것에 늘 마음이 쏠려 잊지 못하고 매달려 있는 것일까.

나는 오늘도 모두가 잠든, 나 혼자만의 밤에 깨어 어떤 것에 마음을 두고 있을까.

낯설게하기
마그리트와 메시앙

René Magritte(1898~1967, 벨기에)
Olivier Messiaen(1908~1992, 프랑스)

세상에 더 이상 새로운 것이 있을까? 2천 년 인류의 역사 이래, 배부르고 좋은 것에 둘러싸이고, 사람들과 친밀한 관계를 이루고자 하는 인간의 욕구는 변함이 없는 듯하다. 의식주와 소속감이 해결되면 인정 욕구가 생기면서 사람들은 자아실현을 하고자 한다. 그때 찾게 되는 것이 문화와 예술이다.

소소한 것을 즐기고 놀다 보니 그림이 그려지고 음악이 만들어지기도 하지만, 누군가는 밤을 새워가며 누군가를 위해 혹은 그 이상의 사명감을 가지고 창작을 한다.

예술의 개념도 많이 확장되었다. 무엇을 말하든 무엇이 되는 포스트 모더니즘도 더 이상 새롭지 않고, 포스트 코로나 시대의 가상현실, 디지털 매체 전환, 온라인 세계의 확장도 익숙한 표현이 되어간다.

세상의 온갖 테크닉은 하루같이 새롭고 난무하지만, 정작 창작의 미덕은 '낯설게하기'라고 본다. 평범한 것을 새롭게 보이게 하는 마법, 왠지 낯설어 보이는 장면이지만 초현실을 통해 다시 현실을 보는 마법.

마그리트는 이름도 마카롱처럼 로맨틱하다. 벨기에 출신 마그리트는 1900년대 초 현실과 초현실 사이를 넘나들며 고정관념을 깨는 작품을 그렸다. 오브제의 재배치, 크기와 모양의 변형, 이미지 중첩, 이상한 만남을 통해 철학을 그림에 담아냈으며 사실과 모순을 함께 보여주었다.

요즘 웬만한 관광단지 포토존에서 볼 수 있는 유쾌하고 창의력 넘치는 그림들은 초현실주의가 다다이즘과 팝아트를 거쳐 우리의 일상으로 들어온 것이다.

아주 파랗던 18살이었던가, 호주에서 대학을 준비하며 어학 수업을 다녔는데 항상 이른 오후에 수업이 끝났다. 그래서 여유로운 오후엔 매일같이 느린 트램을 타고 마치 대학교에 다니듯 같은 동선을 따라 길을 걷고, 연습실을 구경하고, 사람들을 보았다. 호주인들은 도시보다 큰 공원에서 일상적으로 악기 연습을 했고, 선생들도 학생처럼 밝았으며, 테크닉보다 자신감 넘치는 연주 매너가 돋보였다. 그렇게 두어 달을 서성거리다 얻은 정보로는 호주를 대표하는 피아니스트가 그곳 학교에서 수업을 하는데 이름이 캐롤라인이라고 했다.

어느 날 도서관을 구경하고 학생들의 이야기들, 음악 소리를 듣다 늦게 집으로 가던 중, 번쩍거리는 콘서트홀 팜플렛에서만 보던 얼굴이 내 앞을 향해 걸어오는 것을 보았다. 나도 모르게 그분의 팔을 덥석 잡았다. 캐롤라인.

"I want to study…the piano…."

말로 표현 안 되는 간절함이 눈빛에, 잡은 손끝에 머물렀던

가. 나는 명함을 받고 오디션을 보게 되었고 멜버른 대학교에 입학하였다.

꿈처럼 기다리던 레슨 시간, 준비되지 않은 언어는 문제가 되지 않았다. 나는 그녀의 티칭, 연주력, 열정에 많은 충격을 받았다.

내가 이제까지 배워온 음악은, 내 옆에서 띵땅띵땅 멜로디 몇 개만을 쳐 주는 방식의 코칭이나 학구적인 것 같지만 왜 그래야 하는지 생각의 여지를 주지 않는 주입식의 공부였다. 정해진 박자 안에서 정해진 음들을 소리 내고 미션 완료를 해야 하는 트레이닝.

캐롤라인이 잠깐 나와 보라더니 쳐 보지도 않았던 곡을 그 자리에서 쳐 주는데, 그때 마그리트 그림(〈정상의 부름〉, 1942년 작)이 생각났다.

멋진 풍경 그림인 줄 알았더니 유리창 없는, 실제 높은 곳이어서 아찔한 느낌.

그 아찔함은 움직임이었다. 내가 알던 음악의 개념이 폭포처럼 부서졌다. 캐롤라인이 만드는 멜로디가 지나갈 때마다 꽃향기 방향이 느껴지고, 옥타브를 내리칠 때마다 폭풍 바람을 맞는 것 같고, 가만히 코드를 누르고 손을 움직이지 않아도 소리의 울림은 방을 가득 채웠다.

그때부터 다시 시작한 나의 음악은 단순한 타건을 넘어 소리에게 옷을 입혀주는 일이었다. 이유 있는 소리, 이름을 붙여주고 갈 길을 알려주고 색깔을 칠해주는, 그런 일을 하는 것이 연주자였다.

마그리트 그림 속 독수리 바위의 안과 밖은 우리 의식의 이야기이다. 어려운 말인 것 같지만, 내 내면의 안과 밖이 어떠한지 철학적인 질문을 한다. 작가들은 늘 스스로에게 질문을 한다. 내가 벗어나고 싶은 세상, 이루고 싶은 세계, 닿고 싶은 꿈, 결코 이룰 수 없는 사랑.

현대음악을 배우면서 가장 괴로운 것은 이탈된 음을 불규칙한 규칙 안에서 소리 내야 하는 것이었다. 1900년대 말에서 20세기 초 바르톡, 코플랜드, 베베른, 스트라빈스키 등의 음악들은 각기 다른 패턴을 가지면서도 소리의 클러스터(덩어리), 소리의 타악기화, 조성이 없거나 불규칙한 리듬 또는 반복되는 음이나 미니멀리즘 속에서 망망대해를 헤엄쳤다.

종교음악의 바로크, 궁정음악의 고전시대, 개인의 감정을 노래한 낭만시대 그리고 1900년대 이데올로기를 거쳐 다양한 음악 사조가 생기면서, 강하게 결속됐던 12개의 음(도부터 도까지, 7개의 하얀 건반과 5개의 검정 건반)은 자유를 찾아 이탈하기 시작했다.

고정된 것에서 이탈하는 것은 참 괴로운 일이다. 바흐가 만들어놓은 평균율 법칙과 하나님이 만드신 순정율을 벗어나 이탈한 음을 비껴서 들어야 한다는 것은.

미술의 개념이 바뀌어가듯, 음악도 개념이 달라져 갔다. 더 이상 아름다운 화성 안에 갇혀 있을 필요가 없다는 것이다. 예술은 더 이상 우아하게 아름다울 필요가 없는 것에 동의를 하지는 않지만, 사람들의 혼란은 예술 시장에서 다양하게 나타났다.

내가 가장 먼저 배운 현대음악은 겁도 없이 메시앙이었다. 대학원 때 교수님은 현대음악의 대가로 미국 여성 피아니스트의 계보를 잇는 분이셨다. 이제야 스케일이 큰 곡으로 겨우 소리 내는 방법을 알아가고 있는 나에게 메시앙의 〈룰루새〉라는 곡을 주셨다.

메시앙은 프랑스의 작곡가이자 클래식 작곡가 중 가장 많은 종교음악을 통해 신앙과 음악의 일치를 보여주었다. 날아가는 새가 하늘과 땅을 이어준다 생각해 150여 종의 새소리를 듣고 구분했을 정도다. 조류학자이기도 한 그는 세계를 돌아다니며 소리를 음악으로 기록했는데 〈새 카탈로그〉 작품에는 총 13개의 새들이 나온다.

내가 만난 룰루새는 그냥 귀엽기만 한 새가 아니었다. 선생님의 해석으로는 어두운 숲속, 길을 잃은 아기 룰루새(종다리)는 엄마를 찾는다. 처음엔 무서워서 소리도 못 내고 밤은 깊어져만 간다.

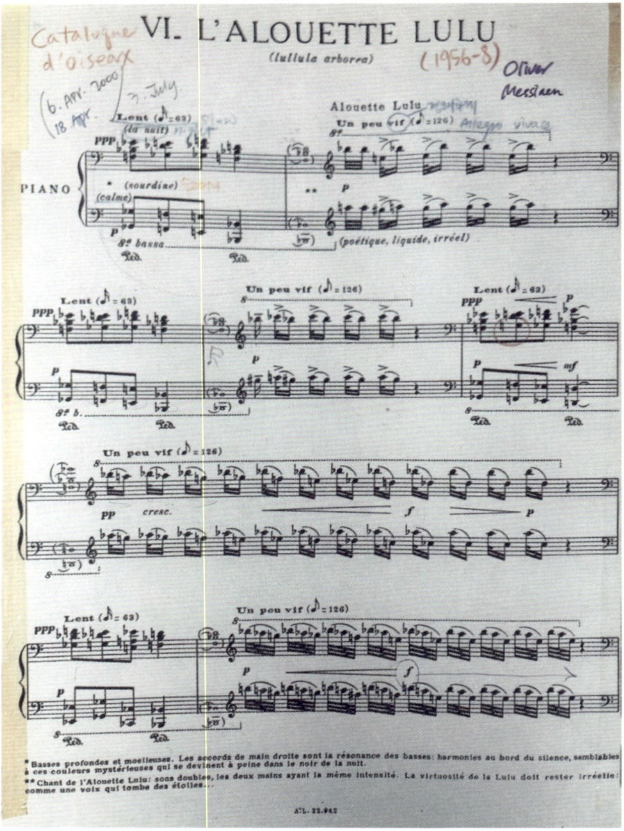

올리비에 메시앙, <새 카탈로그 6번 종다리새(Catalogue d'Oiseax No.6 L'aloudtte Lulu)>, 1956~8

첫 음부터 왼손의 Gb과 오른손의 F, Eb은 함께 들으면 어울리는 소리가 아니다. 보통 도-미-솔처럼 2개나 3개의 계단을 넘어야 어울리는 화성이 되는데 Eb-F-Gb, 수학의 자연수 사이 소수점처럼 반음과 반음들을 한 번에 코드로 연주해야 한다니. 그것도 아주 작고 느리게.

이렇게나 낯선, 첫, 한 마디를 이해하기까지 많은 생각의 변화가 있었다. 학교 도서관에 있는 메시앙 관련 책들은 온통 보라색 하드 커버였다. 그래서 생각했을까. 메시앙의 음악을 들으면 진한 보라색 휘장과 높은 천장 아래 화려한 샹들리에가 있는 성당이 보인다.

현대음악 중 메시앙은 그만의 음악 어법, 선법을 만들었는데 예를 들면 '도-레-미-파-솔-솔#-라#-시-도#'의 선율을 사용해 음들이 하늘로 올라가듯 신비로움을 만들어냈다. 인도나 그리스의 선율을 가져오기도 하면서 리듬을 거꾸로 내려오게 하거나, 첨가하거나 다양한 새로운 방식을 사용했다.

새소리를 채보한다면 나는 어떻게 표현했을까. 조성과 리듬의 규칙을 넓혀 자연에 가까운 소리를 표현해야 한다면 어떤 리듬과 멜로디, 화성을 입혀야 할까.

보랏빛 메시앙은 자연을 채보하듯, 기존의 선율들을 재구성하면서 음악을 낯설게 하였다. 아름답게 자연을 의인화한 멜로디가 아닌, 소리의 형상을 구성미술처럼 접근한 것이다.

예술에서 '낯설게 하기'는 죽은 자에게 호흡을 불어넣듯, 고정된 사물 또는 너무 가깝고 익숙해서 무뎌진 이들과의 관계에도 다시 생명을 불어넣는다. 유토피아를 위한 희망고문이 있기에 작가와 작곡가들은 매 순간을 살면서도 또 찰나의 세계를 꿈꾼다.

Photo. Issac Quesada

고독
김영갑과 피아졸라

김영갑(1957~2005, 한국)
Astor Pantaleon Piazzolla(1921~1992, 아르헨티나)

나 혼자 꿈을 꾸면, 그건 한갓 꿈일 뿐이다.
하지만 우리 모두가 함께 꿈을 꾸면,
그것은 새로운 현실의 출발이다.

— 훈데르트 바서

제주와 비슷한 곳, 호주 멜버른에서 유학 생활을 하며 잠깐씩 고향 제주를 찾을 때면 먹고 싶었던 엄마의 집밥을 마음껏 먹는다. 워낙 한국음식을 좋아하기에 혼자라도 추어탕, 설렁탕, 삼계탕 등을 찾아다니며 먹는데 아침만큼은 꼭 한국식으로 밥을 먹어야 소화가 된다. 그렇게 유학 생활을 오래 했어도 호텔의 조식, 토스트, 시리얼은 손에 대지도 않는다. 아침에는 밥과 계란, 김치만 있어도 진수성찬.

멜버른은 참으로 축복받은 도시다. 공원을 먼저 짓고 도시를 계획했다니 시작부터가 다르다. 세계에서 살고 싶은 도시 1, 2위를 다투는 곳이니 자연, 문화, 안전, 교육 등 전반적인 삶의 질과 엥겔지수, 만족도가 높은 곳이다.

사실 나도 알고 온 것이 아니라 우연한 기회에 음악 봉사를 하러 왔다 풍광의 스케일에 홀려 멜버른에 오게 된 것이니, 보통 음악 유학이라면 음악의 도시 비엔나에서 독일 부근을 맴돌고 싶을 텐데 나는 멜버른을 본 순간, 그냥 살고자 온 것이었다.

살면서 제2의 고향이 생긴다는 것은 많은 이야기를 시작하게 한다. 여러 가지 이유로 부모의 집을 떠나 나의 집을 찾아가는 여정에는 두려움 51%, 설렘 49%를 저울질하며 균형을 맞춘다. 1%의 마음의 조율은 참으로 민감해서 바람 부는 방향대로 마구 흔들거린다.

그날은 무척이나 집이 그리웠다. 아무리 연주를 잘해도 그들 눈에 나는 저 먼 곳, 동양에서 온 아이였고 소속 없는 유학생이었다. 내가 원하는 모든 것은 내 눈앞에 있었지만, 보이지 않는 길을 보이도록 만들어가는 과정에서 때때로 누군가의 확인과 공감이 필요했다.

내가 잘하고 있나?
열심히만 하면 되는 건가?
예술은 열심이 아닌 재능인데 내겐 무엇이 있나?
여기서 시작한 불씨가 어디까지 갈 수 있을까?
연주를 하는 것이 내 시대에 필요한 일일까?
나는 정말 음악을 사랑하나?
사랑하는 일로 내 삶을 책임질 수 있나?

나에 대한 물음은 꼬리를 물어 돌고 도는 론도* 같았다. 복잡한 생각에 책장의 악보를 집어 들다 무엇인가 툭 떨어졌다. 지난여름 고향에 갔다 사 온 사진작가 김영갑의 사진이 담긴

---

* 론도: 음악에서 주제가 여러 번 반복되는 형식. A-B-A-C, A-B-A 등.

김영갑, 『그 섬에 내가 있었네』

책갈피였다. 내가 사는 곳은 섬이다. 제주.

제주에서의 고등학교 시절은 제주가 섬인지, 육지인지 생각할 필요 없이 학생의 삶을 살았는데 이 먼 곳에 오니 제주에서 사람이 왔다고, 제주에서도 유학을 오냐고 신기해한다. 지금은 제주가 고향이라면 하나같이 부러워하지만 그때까지만 해도 제주의 이미지는 지금처럼 세련된 파라다이스가 아니었다.

그림도 사진도 모르는 나는 두모악 갤러리에 있는 김영갑의 사진들을 보고 참으로 고독하게 사진을 찍으러 다녔구나 하고 생각했었다. 사진들을 보면 하나같이 바람의 흔적이 보인다. 스마트한 사진기로 여러 번 찍고 지우고 확인한 게 아니라 옛날 필름 카메라로 찰나를 기록한 것이다. 얼마나 많은 시간을 현장에서 바람을 맞으며 그 순간을 기다렸을까.

그날 다시 책으로 본 사진 속 제주는 그냥 제주가 보였다.
단지 고향이기 때문이 아니라 내가 사랑하는 제주를 발견했다.
작가의 고독을 다 덮어버릴 제주의 풍경, 풍경을 다 덮어버릴 제주.

김영갑은 선물로 받은 카메라 한 대를 들고 전국을 돌아다니다 우연히 제주에 오게 된다. 그가 20대 중반에 만난 제주는 눈, 비, 안개 그리고 바람의 환상곡을 들을 수 있는 곳이었다.[*]

한라산 작가로 유명한 채기선 작가는 성산읍 삼달리에 있

---

[*] 출처: 김영갑 사진집 『눈, 비, 안개 그리고 바람환상곡』, 2005.

는 삼달분교를 나왔는데 그 학교에는 유독 그림 잘 그리는 선배들이 있었다고 한다. 그 기운을 이어받아서인가. 2002년 김영갑은 폐교가 된 삼달분교에 한라산의 옛 이름, '두모악'을 붙여 자신만의 공간을 만든다.

사람들이 찾아오고 알려지면서 병도 함께 찾아왔다. 마음 따로 몸 따로. 웃고 있어도 굳어버린 얼굴이 되어가면서도 그는 희망을 꿈꾸었다. 수없이 보았던 다리 잘린 노루의 달리기, 절벽에 떨어졌던 새의 새로운 비상. 루게릭병은 그저 다른 이름일 뿐이었다.

혼자만의 작업 시간을 위해 외로워지기 위해 철저히 노력했던 작가. 그 외로움을 달래려 들판에 나가 온종일 들판을 걸으며 문득 감동이 몰려올 때 셔터를 누른다. 그리고 사진을 찍어야겠다는 생각도 잊어버린다. 자연과 하나가 되는 순간이 찾아올 때 본인도 모르게 셔터를 누르게 된다.

그렇게 고독하고 쓸쓸한 순간, 바람과 구름은 그와 함께 춤을 춘다.

(한국내셔널트러스터는 '두모악 갤러리'를 2006년 '꼭 지켜야 할 자

연문화유산'으로 선정했다.)

그의 춤에 피아노 연주를 해주고 싶다.
'천사의 춤'

〈천사의 밀롱가 milonga del angel〉*

피아졸라의 〈천사의 밀롱가〉는 고통스럽듯 아주 느리게 움직인다.
마치 상처받은 마음, 부러진 다리, 아픈 손으로 춤을 추는 듯하다.

가난한 부둣가, 떠나는 사람과 붙잡는 사람이 난무하는 아르헨티나의 부에노스아이레스에서는 늘 춤과 음악이 흐른다.

* 밀롱가: 아르헨티나의 2박자 춤곡.

Photo. Leng Shan

아메리칸드림을 꿈꾸던 수많은 이민자들은 이곳에 모여 춤을 추며 향수를 달랬다. 지금이야 인기 있는 춤의 한 장르로 자리 잡았지만 1880년대 탱고^{Tango}의 시작은 어둡고 지저분한 사창가와 선술집이었으니 춤의 예술성을 말하기에 어려움이 있지 않았을까.

피아졸라 역시 이탈리아의 이민자였고 그의 아버지는 탱고의 열렬한 팬이었다. 피아졸라가 태어날 무렵엔 이미 탱고가 유럽과 미국에서 유명해져 자연스럽게 탱고음악과 함께 자랐다.

그들도 아메리칸드림을 꿈꾸었을까. 미국으로 건너가 새로운 삶을 열어가면서도 피아졸라는 아버지에게 반도네온을 배우기 시작했다. 연주를 곧잘 해서 16살에는 다시 아르헨티나로 돌아와 영화음악에도 참여했고 음반도 낼 정도였다.

그렇게 시작된 탱고음악, 반도네온 연주자로서의 삶. 피아졸라는 술집 반주음악이 아닌 '음악으로서 탱고'에 대해 홀로 고독한 싸움을 시작한다.

예술가에게 고독과 고민은 새로운 씨앗이 된다. 그 씨앗을 심고 물을 주고 들여다보고 애정을 준다. 예술가藝術家(작품을 창작하는 사람)와 애술가愛術家(작품을 사랑하는 사람)의 차이는 어떤 열매를 맺느냐의 차이가 아닐까.

피아졸라는 배우기 위해 달려든다. 클래식 기초를 다시 배우고 32세에 파리의 나디아 블랑제를 찾아간다. 나디아 블랑제는 아론 코플랜드, 레너드 번스타인, 조지 거쉰, 필립 글래스 등 세계를 뒤흔든 수백여 명의 음악가를 길러낸 스승의 스승이다.

"좋은 음악이야. 그런데 너만의 것은 어디 있니?"

사창가에서 반도네온을 연주하며 살았던 시간을 숨기기 위해 클래식 어법으로 작곡한 악보를 들고 갔으나 그녀는 특별한 것이 없다고 했다. 대화 끝에 피아졸라는 탱고 몇 소절을 연주하고 그녀는 눈을 반짝인다.

"바로 이거야! 피아졸라. 너는 너만의 음악을 해."

불랑제와 공부하며 피아졸라는 지난 10년간 작곡에 대해 공부한 모든 것을 2초 만에 버렸다고 고백했다. 그리고 혼자만의 싸움을 시작했다. 이미 상업적으로 유명해졌지만 여전히 술집 탱고음악이 아닌 클래식 바탕 위에 새로이 입힌, 춤이 아닌 연주음악 '누에보 탱고$^{Nuevo\ Tango}$'를 만들었다.

내가 제주의 음악을 시작하면서 가장 힘이 되었던 음악가는 바로 피아졸라이다. 자신만의 음악을 찾고 만들고 세상에 알리기까지 치열하고 고독하게 열매를 맺어온 피아졸라의 음악과 삶.

영감을 받는다며 숱하게 스캔들을 만들고 괴기한 행동들을 하고 모성애를 끌어낼 만큼 아픈 가정사나 장애를 가진 예술가가 아닌, 평범하고 소박한 가정의 착한 아들로 성실하게 포기하지 않고 자기 몫을 이뤄낸, 진실한 한 사람의 삶.

진실하고 확신을 갖는 사람만큼 무서운 사람은 없다. 아직 살아보지 않은 삶을 미리 보고 흔들림 없이 걸어간다는 것은 신이 주신 재능과 더불어 축복이 아닐까.

음악을 공부하려면 법칙을 배워야 한다.
그러나
음악을 창조하려면 그 법칙을 몽땅 잊어야 한다.

— 나디아 블랑제

애증
프리다와 에릭 사티

Frida Kahlo(1907~1954, 멕시코)
Erik Satie(1866~1925, 프랑스)

결핍*은
내 마음이 원하는 것을
내 몸이 해낼 수 있는 가장 큰 자산이다.

— 프리다

때로 사랑은 거부할 수 없는 끓는점이 되어 분에 넘치는 에너지로 바뀌기도 한다. 그 에너지가 어떠한 색채로 입혀져 더

---

* 결핍: 있어야 할 것이 없어지거나 모자람.

밝아질지 더 어두워질지는 내가 아닌 그 사람의 마음에 달려 있다.

아무리 주어도 아무리 기다려도 내 것으로 돌아오지 않는 것들은 결국 부서지고 빛을 잃은 앙상한 가지가 된다.

스스로 타 들어가도 더 뜨거운 불 속으로 들어가는 영혼들이 있다. 그들은 더 이상 고통스럽지 않다. 뜨겁지 않는 것이 더 고통스럽기 때문이다.

프리다의 그림을 본다.
프리다의 그림은 곧 거울이다.

어릴 적부터 소아마비를 앓아서인지 의사가 되고 싶었던 16살의 프리다는 교통사고 후 하반신 불구까지 되어버렸다. 침대와 한 몸이 되면서 프리다는 누워서 그림을 그리기 시작했다. 볼 수 있는 것은 천장에 붙은 거울이었고 거울 속의 자신이었다.

그림 속의 나는 상상만 하면 무엇이든 되고, 어디든지 갈 수 있었다. 몸은 묶여 있지만 마음은 자유로웠다.

영혼의 자유를 얻기까지는 많은 되새김질이 필요하다. 스스로에게 묻고 답하고 묻고 답하기를 반복하며 찾아간다. 자유를.

포기하지 않고 노력한 결과는 다시 그녀를 걷게 만들었다. 세상에 나온 프리다는 벽화를 그리는 한 남자를 만난다. 멕시코에서 가장 영향력 있는 남자, 디에고.

디에고는 어떤 마력이 있었길래 20살이나 어린 프리다의 인생을 빼앗았을까. 세 번째 부인이 된 프리다는 바람둥이 디에고에게 상처를 받은 뒤에 여성으로서 홀로서기를 배우고, 작품 세계도 달라졌다.

프리다 칼로의 유일한 대형 그림, 〈두 명의 프리다〉.

침대에서 휠체어에 앉아 그림을 그려야 했기에 그녀의 200개 정도의 그림은 보통 작은 사이즈이다. 유일하게 대형 그림이며 가장 유명한 이 그림은 이혼 과정에서 디에고와 떨어져 있는 고독한 시간에 그린 그림이다.

프리다 칼로, <두 명의 프리다(The Two Fridas)>, 1939

    그림의 오른쪽 프리다는 디에고와 결혼하기 전 유럽 복장을 입고 있으며, 왼쪽 프리다는 결혼 후 디에고의 민족주의 영향을 받은 멕시코 전통 의상을 입고 있다.

사랑, 애정, 미움, 그리움, 다시 돌아온 애증.
그녀는 다시 그를 찾는다. 그리고 일기를 쓴다.

디에고 시작

디에고 제작자

디에고 나의 아이

디에고 나의 남자 친구

디에고 화가

디에고 나의 애인

디에고 나의 남편

디에고 나의 친구

디에고 나의 어머니

디에고 나의 아버지

디에고 나의 아들

디에고 나

디에고 우주

디에고 우주

— 프리다 칼로의 일기 중

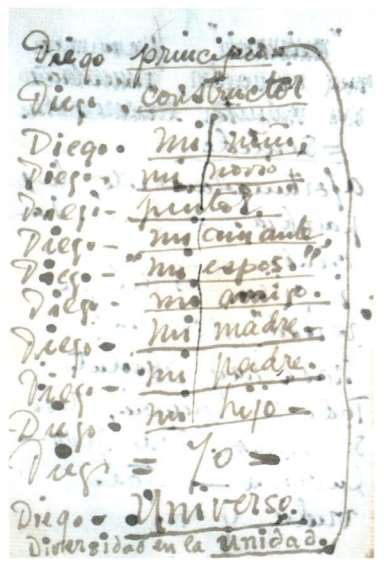

프리다 칼로의 일기 중

　재혼하게 된 그들은 다른 서로의 삶을 받아들이고 서로를 정신적인 지지자, 예술가로 보기 시작했다. 사랑과 미움, 애정과 애증이 복합된 소용돌이 속에서도 그녀는 이상이 아닌 삶을 그리며 그림 속에 모든 애증을 쏟아부었다.

　그림 속의 프리다를 쓰다듬어주고 싶다.

디에고가 있었기에, 그림이 있었기에
살아갈 수 있었지.
그것들이 삶을 살게 했지.
나는 무엇으로 살아가고 있나, 내 마음의 거울을 보며 묻는다.

프리다는 사랑을 이룬 여인.
그래서 성공한 삶.
사랑은 늘 미완성이므로.
그녀의 말처럼.

Viva da Vida
인생이여 만세

내가 대학원 논문 주제로 왜 이 괴짜를 생각했는지는 모르겠지만, 사티의 음악보다는 사티의 생각, 삶, 사랑 때문에 더 마음이 끌렸던 것 같다. 평범하지 않지만 모성애가 느껴지는 한 남자의 이야기.

음악계에서 아마추어라고 치부되었던 그의 음악은 21세기 지금 〈짐노페디〉와 같은 여백이 있는 음악, 소위 뉴에이지, 영화음악, BGM과 같은 음악의 첫 디딤돌이 되었다.

"이 시대에 나는 너무 빨리도 왔다."라고 얘기할 만큼 미니멀리즘 선구적 예술적 발상은 결국 한 세기를 거친 후에야 빛을 발했다.

사티의 음악? 사티의 생각은 새롭다. 그의 음악은 '가구 음악'이라며 일상의 배경이 되는, 우아한 규칙과 소위 배운 자들만 향유하는 음악이 아닌, 아마추어들도 충분히 누릴 수 있는 음악을 넘어선 상위 개념의 사운드였다.

사티는 어렸을 때부터 체계적인 교육을 통해 음악을 배우지 않았기에 결핍과 갈망이 있었으리라 본다. 그래서 본인의 예술성을 드러낼 수 있도록 패러디, 유머 등을 발휘하며 음악의 경계를 넘보았다.

수잔 발라동을 만나보고 싶다. 19세기를 넘어 20세기를 바라보는 문화예술의 중심 파리, 몽마르트 언덕에서 모든 이들의 뮤즈가 되는 캐릭터. 어떤 얼굴과 표정과 목소리였을까.

수잔 발라동은 화가 로트랙의 연인이었으며 르누아르와 드가의 모델이자 본인도 화가였다. 가난하지만 순수한 예술인의 마을 몽마르트에서 가장 빛나고 자유로웠던 그녀를 사티도 지나칠 수 없었다. 사티가 청혼을 하기 위해 만든 노래는 오늘날 수많은 사람들의 사랑 노래로 연주되지만 정작 그의 사랑은 이루어지지 않았다.

〈너를 원해 Je te Vuex〉

금빛 천사여,
도취된 열매여,
마력의 눈동자여,
내게 몸을 맡겨, 너를 원해,
너는 반드시 내 것이 될 거야.
와서 나의 고독을 달래줘!

사티는 그녀가 떠난 후 25년 동안 아무도 초대하지 않았고 보내지 못한 편지 한 다발과 그녀의 초상화만을 남겨놓았다.

매일 같은 색의 모자, 코트와 우산에 차도 타지 않고 먼 거리를 걸어 다니며 사람들의 고독한 광대였던 사티. 그는 인생에서 가장 반짝이고 화창했던 그녀를 만난 그날처럼 마법에 빠져 시간을 초월한 사랑을 했는지 모른다.

에릭 사티는 그렇게 단 한 번의 불꽃같은 사랑을 품에 녹이고 또한 짝사랑처럼 인정받지 못하는 음악에도 조급해하지 않았다. 몽마르트 언덕 '검은고양이' 카페에서 피아노를 칠 때만큼은 내 것이 아닌 것들을 견딜 수 있었다.

사티 생전에 숨겨졌던 〈짜증Vexations〉은 〈4분 33초〉의 작곡가 존 케이지에 의해 발견되었다. 악보에는 "이 곡을 연습해서 840번 반복해 연주하기 위해서는 그전에 고요함 속에서 진지한 부동성을 준비해야 할 것이다."라고 쓰여 있다.

정확한 빠르기는 없지만 840번 반복하면 대략 18시간 정도 걸린다고 한다. 사티가 죽고 38년 뒤인 1963년 미국에서 이 곡을 처음 발견한 존 케이지와 동료 11명이 돌아가며 초연을 했다.

사티의 유작이라 공연장에는 많은 사람들이 가득 찼지만 저녁 6시부터 시작한 이 공연은 밤이 새도록 끝나지 않았고 치는 사람마다 다른 빠르기와 세기, 각기 다른 해석으로 연주했다. 청중들은 지루함에 잠을 자거나 잡담을 나누거나 음식을 먹기도 하였다. 연주가 끝난 것은 다음 날 오후 12시 40분 무렵이었고 남아 있는 청중들은 손에 꼽혔다.

이런 고통스럽고 짜증스러운 음악이 어떤 의미가 있을 수 있을까? 분분하겠지만 때론 이런 말도 안 되는 충격과 이야기들이 예술사에는 큰 의미를 남긴다. 사티 스스로는 곡에 대해 아무런 설명을 남기지 않아 후대 사람들이 어떻게 해석하느냐에 따라 달라지겠지만 케이지를 비롯해 20세기 초 미니멀리즘 도입에 앞선 예술가들에게 사티의 숨겨졌던 이 음악은 커다란 부싯돌이 되었다.

기네스북에도 오를 만한 이 사건은 1995년, 1999년 두 차례 한국에서도 이루어졌다. 2006년 한국 예능 프로그램 〈스펀지〉에서도 시도했으나 210번째 중단되고 말았다.

그 이후 미니멀리즘은 빛을 발하여 많은 작품들을 남겼는

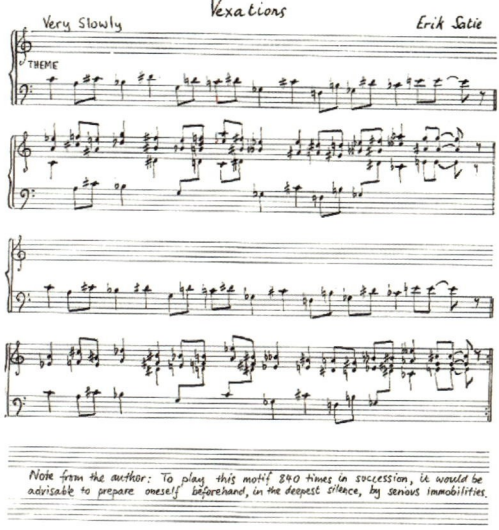

에릭 사티, <짜증(Vexations)>, 1948

데 슈톡하우젠의 오페라 <빛>은 28시간, 라 몽트 영의 전자음악 <12일 동안의 블루스>는 12일이 걸린다.

수잔과의 이별의 고통에서 벗어나기 위해 혼자만의 시간을 견디기 위함이었을까? 여러 번을 읽고 또 읽어도 매번 새롭게 re-set이 되는 아이의 감성에서일까?

사랑과 시간을 초월한 에릭 사티여서 가능했고 가늠해볼 수 있었던 〈벡사시옹〉은 음표 자체의 의미가 아닌 840번의 반복을 통한 공간에서의 술렁거림, 짜증과 고통스러움 그리고 평정심과 인내를 동시에 끌어내길 바랐던 것이 아닐까 생각해본다.

탈출
모네와 드뷔시

Claude Achille Debussy(1862~1918, 프랑스)
Oscar Claude Monet(1840~1926, 프랑스)

베껴야 한다면 가장 위대한 것을 베껴야 한다.
그것은 바로 자연이다.

— 모네

멜버른에서 교회 가는 길은 시내에서 기차로 30분 정도가 걸렸다. 내려서 걷는 10분의 길은 늘 고요하고 고즈넉했다. 집 앞마다 나무 한 그루가 작은 정원 안에 있었는데 어느 한 나무 주변에 다홍빛 종잇장 같은 꽃이 나풀거렸다.

보통 꽃과 다르게 이 꽃잎은 종이처럼 바스락거렸고 그 느낌이 새로웠다. 이름을 알 수 없어 사진으로 저장하고 잊어버린 채 시간이 흘렀다.

내가 유학을 하던 호주 멜버른은 단연 예술의 도시였다. 과거와 현재가 공존했고 음악, 미술과 연극도 늘 새로움을 추구했으므로 도시와 사람들은 늘 에너지가 넘쳤다.

기차역으로 가는 길엔 아트센터가 있어서 멜버른의 모든 공연 일정을 볼 수 있었다. 누구의 그림인지는 모르겠지만 선 없이 색깔만 존재하는 인상파 그림 전시회가 있는 듯했다. 포스터에는 한 여자와 아이가 있었는데 붉은 꽃밭 사이를 거닐며 따스한 오후를 보내는 풍경이었다.

모네가 34세 때 그린 그림으로 아스라이 보이는 건물과 그림의 전체를 뒤덮은 잡초들 사이에 펄럭거리며 존재감을 뽐내는 붉은 꽃. 제목은 〈아르장퇴유 근처의 양귀비 들판〉.

아, 이 꽃 이름이 개양귀비였구나.

모네, <아르장퇴유 근처의 양귀비 들판>, 1873

빛을 찾기 위해 캔버스를 밖으로 가지고 나간 모네는 같은 장소에서 빛의 변화에 따른 순간을 그려내기 시작했다. 보이는 대로 움직이지 않는 사물을 그리는 것은 더 이상 하고 싶지 않았다. 내가 하고 싶은 것을 하기 위해 걸어가는 길목에는 선배가, 스승이 있다. 그들이 만들어 놓은 길을 따라가면 가장 편안하고 안정적인 길이겠지만 그것만큼 위험한 것도 없다. 나만의 것이 아닌 그들의 것이기 때문에.

왜 이 대목에서 넓은 문이 아니라 좁은 문을 가라고 한 성경 속 예수님의 말씀이 떠오르는지 모르겠다. 부자가 가는 넓은 문은 모두가 원하고 찾는 길이며, 좁은 길은 아무도 찾지 않고 마음이 가난한 자들이 가는 곳이다.

마음이 가난한 자들이 천국을 볼 것이라는 성경의 말씀은 겸손하라는 말이겠지만 좁은 길을 가는 이들은 겸손함과 더불어 자기에게 주어진 삶을 순수하게 살아내는 순결함을 가진 게 아닐까.

나는 이 개양귀비를 볼 때마다 그때의 소박한 추억을 회상한다. 이름 모를 꽃을 알게 되기까지 걸린 시간 그리고 이름을 알게 된 이후의 해방감. 그 후 프랑스 오르세 박물관에서 진품을 보기까지 걸린 시간 그리고 내 생애 특별한 장면으로 각인된 그림 한 점.

베토벤이 귀를 잃었듯 백내장으로 눈을 잃은 모네는 색을 구분하지 못하는 나이까지 힘을 다해 그림을 그려냈다. 그의 탈출로 캔버스에서 오랜 시간 버텨온 선이 없어지고 빛이 지나간 자리에 오로지 색만이 남았다.

달빛

— 폴 베를렌

　그대의 영혼은 은은한 풍경화, 가면을 쓰고 베르가마스크 춤을 추는 이들
　　홀린 듯 류트를 켜고 춤을 추지만
　　그들이 지나가면 슬픔이 비추네

　단조로 노래하네

사랑의 승리와 행복한 삶을
행복을 믿지 못하는 그들의 노래는
달빛에 서서히 스며드네

슬프고 아름다운 달빛
숲속의 새들을 꿈에 젖게 하네
대리석 분수가 내뿜는 한 줄기 물은
황홀히 흐느끼네

미소년 천재 시인 랭보와의 동성애 스캔들로 세상을 떠들썩하게 한 프랑스의 대표 상징주의 시인 베를렌.

그의 시 〈달빛〉을 읽으면 그림도 그려지지만 음악도 그려진다. 드뷔시는 베를렌의 장모에게 음악을 배우며 자연스럽게 베를렌과 만났고 그의 시에 영감을 받으며 자랐다.

누군가는 이 곡을 연주하기 위해 달려왔던가. 드뷔시의 〈달빛 Clair de Lune〉을 연주하면 이전에 배운 바흐, 모차르트, 심지어 쇼팽은 잊어버리게 된다. 정확한 박자를 맞춰야 하는 강박감이나, 오른손 멜로디를 살려야 하는 예민함이나, 왼손을 화려하고 풍부하게 이끌어 가야 하는 책임감도 잊은 채, 그저 한 마디의 한 코드만 눌러도 오묘하게 하늘에 올라갈 것 같은 환상적인 화성이다. 피아노를 치며 노래처럼 리듬을 들었다 놨다 하는 루바토^{rubato}(마음을 훔친다는 어원에서 온 자유로운 표현법)를 만끽할 수 있다니.

드뷔시는 화요일마다 파리 시내에 있는 시인 말라르메 집에서 모임을 가졌다. 이곳에는 화가 모네, 고갱, 마네와 시인인 베를렌 등이 모여 총체적인 예술을 일구어나갔다.

모든 예술의 시작과 끝은 글에서 오듯이 드뷔시도 말라르메, 베를렌의 시에서 많은 영감을 받았다. 감정 그대로를 은유적으로, 추상적이지만 파스텔처럼 미묘한 상징과 뉘앙스를 멜로디에 입혔다. '빛'을 찾아 캔버스를 들고 밖으로 나간 모네처럼 드뷔시도 '음악의 빛'을 찾아 자신만의 일탈과 탈출을 했다.

규칙에서 벗어나는 것은 자유이되 그 자유는 누릴 수 있는 영역이어야 한다. 모네가 〈인상, 해돋이〉와 내가 사랑하는 풍경인 〈아르장퇴유 근처의 양귀비 들판〉에서 보여준 것 같은 인상주의는 강하거나 거칠거나 그 어느 것도 함부로인 것이 없다.

드뷔시는 한참 유행하던 정통적인 독일의 대가 바그너의 음악 틀을 깨고자 했다. 모네의 감각적인 빛의 움직임, 쇠라의 치밀하게 계산된 점들의 그림 등을 보며 낮은 음역대의 플루트나 높은 음역대의 바이올린을 시도하며 새로운 색채를 연구하기 시작했다.

캐롤라인 선생님은 내게 〈불꽃〉이란 곡을 소개해주었다. 〈달빛〉을 끝내자마자 〈불꽃〉이라니. 하늘에서 쏟아지는 따뜻한 달빛과 상반되는, 내가 주체가 되어 에너지를 하늘에 뿌려야 하는 불꽃이었다.

드뷔시는 24개의 제목을 붙인 전주곡을 만들었는데 가장 어려우면서 개성이 강한 마지막 곡 〈불꽃 Feux d'Artifice〉은 드뷔시가 파리의 여름 불꽃 축제를 보고 만들었다고 한다.

그러나 나는 축제의 불꽃이 아니라 겨울에 따뜻한 벽난로가 있는 방이 생각난다. 작은 불씨가 더디게 불이 붙고 가끔

드뷔시, 전주곡 II-12번 <불꽃(Feux d'Artifice)>

씩 파닥파닥 불꽃을 피운다. 불꽃들은 점점 커지며 덩어리가 되고 불 꽃다발이 된다. 노랗게 타는 불꽃은 몸을 아낌없이 다 태우고 다시 재가 되어간다.

자연을 소리로 표현하는 것은 많은 상상력을 필요로 한다. 단순히 노트를 건드릴 뿐 아니라 나만의 스토리와 해석이 있어야 청중이 집중력을 잃지 않을 수 있다.

빠르지만 놓치는 음 없이 준비해 간 수업에 캐롤라인은 가서 그림을 보라고 했다. Pointillism. 포인트? 모네와 같은 인상주의는 Impressionism이니 같은 거 아닌가?

도서관에서 인상주의에 대한 책의 인덱스를 찾아보고 그림들을 보니 그냥 이해가 되었다. 모든 게 선명할 필요가 없는 점들의 집합체였다. 가까이서 보면 각기 다른 크기, 색채의 점들이지만 멀리서 보면 하나의 형체가 되었다.

신인상주의. 모네와 비슷하지만 좀 더 다른 개념인 점묘법이었다. 감각적이고 감정적인 것이 인상주의라면 계획적이고 이성적인 것은 점묘주의였다.

들릴 것만 들리고 버릴 것은 버리고. 그것이 곧 고도의 테크닉이겠지만.
점을 몇백 개의 농도와 크기로 계산하며 그릴 수 있는 사람은 쇠라였다. (조르주 쇠라Georges Pierre Seurat, 1859~1891, 프랑스)

선명하고 또랑또랑하게 들리지 않는 게 목표이다. 하나의 이미지를 그리고 분위기를 만드는 것이다. 속삭이거나 웅얼거리듯 움직임을 만든다.

손끝은 더 눕히고 건반에 밀착한다. 손가락으로 연주하는 것이 아니라 손가락은 건반 위에 안착하고 손목을 교차하며 춤을 추듯 움직인다.

'빛'을 찾아 밖으로 나간 이들은 자신만의 '빛'을 발견했다. 무거운 이젤과 그림 도구, 물통과 끈적이는 붓들을 들고 밖으로 나가는 일은 모두가 말렸지만, 빛을 그리는 일은 생명을 입히는 작업이었다. 작곡 기법에서 쓰지 말아야 할 화성과 스케일의 시도는 누가 뭐래도 변화의 흐름이었다.

내가 내는 소리에 색과 이름을 지어줘야겠다.

내가 사랑하는 퍼플의 주변색.
깊은 라일락. (9955bb Deep Lilac)

이 색은 내게 만족감을 준다.
당신의 색깔은?

Lilac, Monica Grabkowska

점, 선, 면
칸딘스키와 존 케이지

Wassily Kandinsky(1866~1944, 러시아)
John Cage(1912~1992, 미국)

점, 선, 면은 회화를 구성하는 가장 중요한 트라이앵글이다. 음악의 3요소는 리듬, 멜로디, 하모니인데 점은 음^{note}(도, 레 등), 선은 스케일(도-레-미…도), 면은 화성(도-미-솔)이 아닐까 생각해본다.

칸딘스키는 점, 선, 면에 대한 개념을 이론적으로 잘 정리해 놓았다. 그는 어릴 적에 법과 경제를 배웠지만 대학에서는 미술을 가르쳤는데, 30세 늦은 나이에 그림을 시작해 스케치와 해부학을 배우는 등 학구적인 몰입이 남달랐다. 그는 늘 기록을 남겼고 답을 찾았다. 기록을 하는 일은 구차스러운 일일지 몰라도 후대에 커다란 영향을 미치고, 이름도 없이 사라질 수 있는 작품에 별을 다는 것일지 모른다.

프랑스 인상주의를 넘어 러시아는 구성주의를 향해 가고 있었다. 말이 어렵다. 나처럼 미술 세계를 사모하여 엿보는 사람의 입장에서는.

인상주의가 빛을 따라 경계가 없는 감각적인 색채를 사용했다면 구성주의는 기계적이고 계산적이며 실용적이다.

그가 기록한 『점, 선, 면 회화적인 요소의 분석을 위하여』와 『예술에서의 정신적인 것에 대하여』를 읽으면, 학생들을 강의하면서도 회화의 틀을 벗어나고자 했던 열정을 보게 된다. 초판이 1926년이니 약 94년 전에 꿈꾸던 일은 이미 미래를 넘어 과거가 되어간다.

1900년대 말, 말하는 대로 만들어지는 시대에서 자기 분야 밖을 넘보는 일은 소위 핫한 일이었다. 자기 영역에 정점을 찍고야 가능한 일이었으니, 늦게 예술의 세계를 접한 칸딘스키는 닥치는 대로 기록해 나갔다.

솔직히 미술 작품을 보는 눈이 없어서 아직도 몬드리안의 함축된 기하학 그림은 그리 와닿지 않는다. 몬드리안의 추상 기하학 그림이 '차가운 추상'이라면 칸딘스키는 '뜨거운 추상'이라는데 아직도 난 차가운 것보다 뜨거운 쪽이 가깝다. 아직 덜 여물었다. 진정한 고수는 미니멀, 줄 하나, 색 하나이기에.

2020년 한국에서의 '음악을 그리는 사람들' 전시회에서는 칸딘스키가 상상한 미디어 아트가 진행되었다. 바그너의 음악, 모네의 그림에 영향을 받은 스마트한 멀티 작가 칸딘스키는 움직이는 미술, 노래하는 미술을 상상하며 미술 속에서 오케스트라를 위한 작곡을 하였다.

그림 속에서 음악을 지휘하는 작가. 내가 음악에서 그림을 그리듯 그는 나를 향해 달려오고 있었다. 서로 보이지 않는 세계를, 듣지 못하는 세계를 갈구하듯 우리의 감각은 서로를 필요로 한다.

우연히 거꾸로 놓인 자신의 그림을 보고 영감을 받았고, 스

칸딘스키, <작곡8 - 점, 선, 면>, 1923

스로의 틀을 깨고 눈에서 귀로 공간 이동을 하고자 한 칸딘스키. 그의 실험정신이, 약 90년이 지난 지금 또 다른 미래를 향하게 한다.

늘 소리의 시각화를 짝사랑하던 나에게 칸딘스키는 하나의 뮤즈처럼 자리 잡았고 그의 작품으로 대화를 했다. 반대의 개념이지만 뒤집으면 결국 같은 방향이며 소수의 꿈은 다수의 비전을 이루게 한다.

2020년 포스트 코로나 시대, 가상현실과 디지털 매체로의 변환, 융합예술이 키워드로 자리 잡으며 칸딘스키의 비전이 더 뚜렷해진다. 뉴미디어 음악을 배우며 칸딘스키의 작품을 x, y좌표로 입력하여 알고리즘을 짜서 사운드로 도출해보고자 했는데 이젠 가능하겠다 싶다.

그래픽 스코어란 작곡가의 지시어를 회화로 만든 작품으로 음악에서 출발해 그림으로 완성하는 것이다. 이와 같은 방식으로 음악을 그려 넣은 칸딘스키의 그림을 음렬과 구역으로 나눠 음을 지정하고 사운드로 만들어 낸다면, 세상의 모든 그림을 사운드로 바꾸어 볼 수 있는 나만의 알고리즘도 만들 수 있을 듯하다.

점이 움직이면 선이 되고, 선이 움직이면 면이 된다. 위대한 작가들의 작품을 가지고 이렇게 발칙한 상상만 해도 감히 즐겁고 웃음이 피식 나온다.

칸딘스키가 정교하고 규칙적인 음악을 그림으로 표현했다면, 미국의 작곡가 존 케이지는 정교함과 규칙으로부터 탈출한 음악가이다.

많은 작곡가들이 그 시대의 형식과 틀로부터 벗어나서 자신만의 음악 세계를 만들어왔는데 존 케이지는 음악의 개념 자체를 바꾸며 혁명을 시작했다.

"음악은 아름다울 필요가 없다."라는 철학적이고 전위적인 말처럼 무서운 게 있을까. 그 말을 이어받아 백남준도 케이지를 추종하며 "예술은 사기다."라고 하지 않았던가.

음악을 하는 이유가 감동을 주고 받고 또 그 아름다움 속에 머물고자 한 것인데 아름다울 필요가 없다니.

그것은 혼돈과 불안의 시기, 이데올로기를 말하는 예술가로서의 대변일까?

존 케이지는 에릭 사티의 '가구 음악'에서 아이디어를 얻어 '청중들이 듣는 모든 소리가 음악'이라고 얘기했을 것이고, 동갑내기이자 '액션 페인팅'으로 유명한 잭슨 폴록의 그림을 보며 〈4분 33초〉라는 우연성의 음악을 만들었을 것이다.

누가 먼저였을까 궁금해진다. 음악은 늘 미술을 따라다녔으니 이번에도 미술이 먼저 시작하지 않았을까.

잭슨 폴록은 우연히 붓 끝에 남아있던 물감이 바닥에 흐르는 것을 보고 점, 선, 면을 다 삭제한 추상미술을 시작한다. 완성된 작품이 아니라 작품을 만들어가는 과정, 물감을 흘리거나 뿌리는 행위 자체가 작품이 되는 새로운 개념을 만들었다.

대단한 사명감이나 책임감이었을까? 그것은 아니라고 본다.

오랜 예술이 뒷받침된 유럽의 문화에 비해 늘 자존심이 상한 미국은 산업혁명 이후에도 무엇인가 내놓을 만한 예술가들이 없었다. 그래서 새로운 개념이 필요했다. 그림에서는 폴록의 '우연성'이 맞아떨어졌고 음악에서는 케이지의 '우연성'이 새로운 미국만의 문화 코드가 되었다.

1948년 〈Number 26A〉 작품을 통해 흘리기 기법에 완숙해지며 폴록은 스타덤에 올랐고 미국 예술계는 신이 나기 시작했다. 존 케이지의 '우연성 음악'까지 등장하면서 현대 예술의 중심축은 미국으로 움직이게 되었다.

케이지는 우연한 음악만을 한 것은 아니다. 잭슨 폴록처럼 '우연성'을 예술로 바라보기 이전에 그는 오히려 반대의 개념인 '준비된 음악'을 진행하고 있었다.

1938년부터 시작한 〈Prepared Piano(준비된 피아노)〉에는 피아노 해머와 줄에 못, 나사 등의 물체들을 고정해놓고 피아노 소리가 아닌 마찰된 소리, 아름답지만은 않지만 일상에서 들을 수 있는 소리들을 연출했다. 행위나 우연성보다는 사운드를 더 확장했다고 보면 되겠다.

존 케이지, <Prepared Piano>, 1946

스타인웨이 피아노에 이렇게 나사와 못 따위의 고철을 걸어놓을 수 있다니. 참으로 용감하다.

<4분 33초> 얘기를 안 할 수가 없다. 왜 이렇게 기이한 것들로 가십거리를 만들고 예술이라고 말하며 실험을 하는 걸까.

1951년 케이지는 하버드 대학교의 방음시설이 된 빈방에 들어간 적이 있었다. 아무 소리도 안 들릴 것이라 생각했지만 무음 속에서 미세한 소리를 느꼈다. 그때 새로운 개념을 발견했다.

뮤직 아뜰리에

"완벽한 무음은 없다."

그리하여 1952년에 탄생한 사건, 〈4분 33초〉는 3악장으로 구성되어 연주자는 피아노 뚜껑을 열고 악보에 그려진 쉼표를 연주한다. 쉼표만 있을뿐, 소리는 내지 않는다. 눈으로 쉼표를 읽으며 끝이 나면 연주자는 피아노 뚜껑을 다시 닫는다. 마디를 세고 마디가 다 끝난 뒤 피아노 뚜껑을 다시 연다.

"Everything we do is music."

에릭 사티의 '가구 음악'을 다시 한 번 실현한 것이다. 일상의 소리로 만들어지는 모든 것이 음악이며 곧 그것이 예술이 되는 것이다.

그의 친구인 로버트 라우센버그^{Robert Rauschenberg}는 빈 캔버스를 전시한 적도 있다. 그 둘은 얼마나 시시덕거리며 재밌어했을까. 그들의 패러디, 풍자, 재해석, 새로운 개념들은 2020년을 살아가는 모든 사람들에게 자유를 주었다. 이제 어느 누가 이런 것을 새롭다고 하겠는가.

나는 처음에는 존 케이지와 그의 영향을 많이 받은 백남준 등 다다이즘과 아방가르드, 플럭서스 같은 예술 운동에 공감하지 못했다. 신기했고 용감해 보이지만 나는 못 할 것 같은 다른 세계.

10년 정도가 지난 요즘, 음악을 그리고 있다. 악보를 그리다 생긴 실수가 회화로 보이기 시작하며 융합예술처럼 음악과 그림이 하나이면서 독립적인 작품을 만들어가는 중이다. 무엇을 대단하게 어떤 장르로 정의를 내리거나 선구적인 책임감이 있는 것도 아닌, 우연에서 시작된 예술의 재발견인 것이다.

그러고 보니 케이지도 악보로 그림을 그렸다. 그래픽 노테이션Graphic Notation은 1950년대 기존의 악보 대신 상징적인 지시어들을 기보한 악보인데 이 시작이 존 케이지라니. 생각의 확장은 어디까지일까.

누군가 먼저 돌을 던져 강을 건너간 사람들이 있어 감사한 나날들이다. 처음엔 아무도 알아주지 않고 심지어 욕하고 말리고 놀리던 일들이 시간이 흘러 소수의 공감을 얻고, 다수의

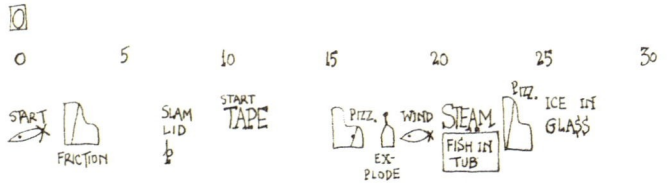

존 케이지, Section of <Water Walk>, 1959

박수를 받기까지. 그들은 외딴섬에 살며 사람들의 박수와 갈채로부터 초월하였고 그로 인해 해방감을 느끼는 삶을 살았다.

존 케이지의 짜릿한 작품들 중 가장 마음에 와닿는 작품은 <Dream>(1948)이다. 피아노 솔로로 만든 이 곡은 여백의 미가 많이 느껴지는 뉴에이지 스타일로 에릭 사티의 <짐노페디> 같은 음악에 영향을 받았다.

PP(피아니시모)의 작고 속삭이는 멜로디로 음악이 끝날 때까지 페달을 지속하며 공간감을 만든다.

어떤 꿈을 꾸었을까.

한 손만으로 가능한 이 곡은 안개가 자욱한 물 위의 풍경처럼 하늘인지 바다인지 알 수 없는 경계의 소리가 된다.

기다림
송몽규와 이중섭

송몽규(1917~1945, 한국)
이중섭(1916~1956, 한국)

밤

— 송몽규

고요히 침전된 어둠

만지울 듯 무거웁고

밤은 바다보다 깊구나

홀로 헤아리는 이 맘은

험한 산길을 걷고

나의 꿈은 밤보다 깊어

호수군한 물소리를 뒤로

멀-리 별을 쳐다

쉬파람 분다

너는 글을 써라, 나는 총을 들 테니.

윤동주의 〈서시〉 속, 하늘 아래 한 점 부끄러움 없던 그 사나이는 바로 사촌 형인 송몽규였다. 그가 있었기에 윤동주의 아름다운 시들을 지켜낼 수 있었다. 같은 해, 같은 집에서 3개월 차이로 태어난 이 둘은 삶의 모든 갈래 길, 언덕길 그리고 죽음길까지도 모두 연결되어 있다.

기독교 집안의 조선어 교사였던 송몽규의 아버지는 물밀듯이 들어오는 일본의 문화 지배에 강하게 반발했고 그 곧은 기상은 장남인 송몽규에게 이어진다.

내성적이고 차분했던 윤동주에 비해 송몽규는 외향적이고 거침이 없었다. 신춘문예도 먼저 당선이 되며 윤동주에게 큰 자극이 되었다. 시만을 아름답게 쓰고자 했던 윤동주와 평생 함께하며 그를 보호했고, 어디를 가든 문예지와 모임을 만들어 장군역할을 했다. 그의 언변, 학식, 리더십은 김구의 눈에도 들어 촉망받는 청년독립군으로도 활동하였다.

나라를 뺏기지 않기 위해 더 준비하겠다는 마음으로 일본에서 유학을 하면서도 일본의 한국 청년들을 모아 조선독립, 민족계명, 군사지식과 무력봉기를 외치며 리더의 역할을 하였다.

결국 일본 경찰에 잡혀 수감생활을 하게 됐는데 알 수 없는 주사를 맞아가며 정신적, 신체적인 고문을 받았다. 수많은 한국인들을 수용한 탓에 감당이 되지 않았던 일본은 패망에 이를 무렵, 죽여야 할 목숨들을 생체실험으로 전환시킨다. 살아

있는 정신력까지도 죽여야 했던, 실패한 동아시아 제국 건설.

송몽규가 남긴 글은 콩트 하나, 시 두 편밖에 없다. 일찍이 신춘문예에 등단하였고 가는 곳마다 문예지를 만들었기에 많은 글들을 썼겠지만, 일본인들에게 쫓기며 다 폐기되었으리라.

지난봄, 송몽규의 시를 가지고 노래를 만들 기회가 생겨 멜로디만 쓱싹 70% 정도 해놓고 글이 너무 짧아 중간을 연결하지 못했었는데 돌아보니 두 달. 그리고 영화 〈동주〉를 보았다.

그날 새벽 그의 삶을 보며 나의 교만이 참으로 부끄러웠다. 마음의 얼얼함이 며칠 동안 사라지지 않았다. 감히 내가 그의 삶을 멜로디로 만들 수 있을까. 글 한 자 한 자 그들의 고통이 느껴지는데 나의 자격 없음에 무릎을 꿇고 싶었다.

처음에는 열등감으로 가득 차 과열된 국가우월주의에 빠져 패망한 일본 황제 권력자들이 미웠고, 코로나 사태에 모두 조심하는데 하룻밤에 날아갈 유희와 집단모임을 위해 시간과 돈을 쓰며 다수의 국민들을 괴롭게 하는 이기적인 소수들이

미웠다. 해야 할 일도 사라지고, 아이들은 갈 곳을 잃고, 평범하고 소소한 즐거움을 누리지 못함에 불평과 불만으로 가득했다.

나의 욕심과 교만은 한낱 부끄러운 것이며, 나의 불평은 치사하도록 사치스러운 것이다. 이 쓸모없는 마음들을 잘 녹여내어 미움의 밭에 꽃 한 송이라도 맺고 싶다.

송몽규의 바다보다 깊은 밤, 그 밤을 헤아려보았다. 그 밤은 일제의 압박으로 학교를 그만두고 독립을 향해 저 먼 곳 중국으로 가는 밤이 아니었을까. 고향의 밤하늘을 보며 다시 돌아올 수 있을까를 걱정한 것이 아닌, 자신이 돌아올 때까지 고향의 밤하늘을 걱정하며, 밤보다 깊은 독립을 향한 꿈과 희망을 담아 휘파람을 불었으리라. 그렇게도 멋진 송몽규.

광복이 오기 6개월 전 눈을 감은 그의 어두운 숲길 인생,
이제는 편히 별을 볼 수 있도록 쉬파람을 불어주고 싶다.

윤동주가 신사참배와 창씨개명으로 압박감을 느끼던 날, 떠난 형을 그리며 쓴 글에 나의 마음도 싣고 싶다.

이런 날에는
잃어버린 완고했던 형을
부르고 싶다.

— 윤동주의 〈이런 날〉 중

　제주에 살며, 이중섭 거리가 만들어지고 오페라가 만들어지는데도 이에 무지했던 나는 또 이런 생각을 했다. 워낙 제주에 인물이 없어 신화에 기대고 이제는 유명 작가에게 기대어 문화도시의 기초를 쌓아가려 하는구나.

　나의 무지는 단순한 무지를 넘어 편견에 가까웠다. 국제적인 남녀의 뻔한 러브 스토리와 비극적인 죽음 이후 사람들이 만든 브랜드와 속된 그림값.

소의 말

— 이중섭

높고 뚜렷하고
참된 숨결

나려 나려 이제 여기에
고웁게 나려

두북 두북 쌓이고
철철 넘치소서

삶은 외롭고
서글프고 그리운 것

아름답도다 여기에
맑게 두 눈 열고
가슴 환히 헤치다

〈소의 말〉이라는 시는 이중섭 갤러리 앞 돌비석에도 새겨져 있다. 그의 작디작은 한 평 방에도 쓰여 있다. 소가 말을 한다니 그게 어쩐 일일까.

이중섭 화백은 일본 유학 시절 마사코와 사랑에 빠진다.
부유한 일본일 사업가의 딸과 식민지 대한민국의 가난한 화가. 만남부터 그 비극은 예상됐던 일이 아닐까.

한국 전쟁 당시 탈출하려는 피난민과 후퇴하려는 장병들의 아우성 속에서 원산과 부산을 거쳐 제주에 내려온 그들은 따뜻한 남쪽 나라를 꿈꿨다. 불행은 꼬리를 잡고 또 오는 것일까. 1948년 제주 4.3을 함께 겪으며 또다시 시작한 피난민 생활에 두 아이의 영양실조로 이어지고, 이중섭은 아내와 아이들을 일본에 보내게 된다.

그의 일생 중 가장 행복한 시절, 제주에서의 11개월은 그를 살아가게 했으며 또 그를 죽어가게 했다. 홀로 한국에 남은 이중섭은 매일같이 편지와 그림을 그렸다.

이중섭, <길 떠나는 가족>

이렇게까지 사랑을 받는 나는
온 세계의 누구보다도 가장 행복합니다.
이것만 있으면 아무것도 두려울 것이 없습니다.
충분합니다. 아무것도 바라지 않습니다.

이중섭의 편지들을 보면 아들에게 무수한 약속을 한다. 곧 있을 전시회에서 그림을 팔고 자전거를 사 주겠다, 곧 올 것처럼 보낸 비슷한 내용의 편지를 서너 개 읽다 보니 읽는 나도 참으로 힘이 빠진다. 내가 아들이라면 엄마에게 많은 질문을 할 듯하다. 왜 못 오는 것일까. 아빠는 우리가 진짜 보고 싶은 게 맞을까. 우리가 다시 가면 안 될까….

당신과 아이들이 정말 보고 싶소. 보고 싶다, 보고 싶다 를 반복하기만 할 뿐 속절없이 세월만 보내고 있구려. 왜 우리는 이토록 무능력한가요?

1900년대 바벨탑과 같은 오욕의 이데올로기가 만들어 놓은 세상은 모든 것을 분리시키고 이탈시킨다. 식민지 신분이 아니라 정식 화가로 데뷔를 하고 만나고자 했던 이들의 꿈은 너무 오랜 계획과 이데올로기 속에서 흐르지 않는 웅덩이로 고여 갔다.

모든 작품이 20호 이하인, 대작 한 번 그려보지 못한 열악한 환경에서도 캔버스가 없으면 골판지에, 담뱃갑 은박지에 그림을 그렸다. 그런 새로운 시도조차 춘화라 모욕을 당하기도 했으니 그의 열정은 폭발하여 재가 되어버릴 지경이었다.

세상을 위해 일한 것이 없으니 먹지 않겠다며 생긴 거식증과 가족에 대한 오랜 그리움으로 건강까지 나빠지면서 그의 말년은 빛을 잃어갔다. 마지막까지 그리던 가족과 재회하지 못한 채 1956년, 마흔한 살의 나이로 무연고자로 쓸쓸히 숨을 거두었다.

그는 줄곧 그리움을 토해내며 작품은 삶이 되고, 삶은 작품이 되었다.

전쟁, 강점기, 이별을 거치며 한국의 아픈 역사 속 이야기를 '소'를 통해 대변했다.

올해 나는 그와 같은 마흔한 살을 넘어가며 그의 뜨거운 삶과는 다른 미지근한 삶을 살고 있다. 풍요로운 세상에 태어나 특권같이 음악을 배우고 놀잇감을 찾듯 예술 언저리를 서성거린다.

다만 나는 배가 부르고 외롭지 않아도 이 길을 갈 뿐이다.

3악장

피아노 포르테

피아니스트를 꿈꾸지 않던 소녀가 있던가,
피아니스트를 첫사랑으로 두지 않았던 소년이 있었던가.
피아노를 잘 치고 싶은 마음은 나이가 들어도 꿈틀거린다.

어린 시절 피아노 학원을 다니며 들었던 멜로디가 순간순간 생각이 난다. 바이엘, 하농, 체르니가 작곡가의 이름인지도 모른 채 초등학교 시절을 보내고 드레스를 입고 싶어서 대회를 나가보기도 하고, 상을 받은 아이들을 마냥 부러워한 적도 있었다.

악기를 통해 나를 표현하고 감정을 쏟아붓는 것만큼 멋진 순간은 없어 보인다. 아름다운 음악을 연주하면서 웃음기 없이 눈을 질끈 감고, 이마를 찌푸리고, 고통스러워하는 모습도 아찔하게 멋지다. 그들은 어떠한 세계를 소유하기에 그토록 어려운 추상의 세계를 행복하게 끌어내는 것일까.

아이에게 악기를 가르친다면, 본인이 음악에 가까이 있다면,
조금이나마 도움이 될 만한 이야기들이 여기에 있다.

피아노부터

손이라는 악기

손은 작지만 복잡하다. 손목에 8개, 손바닥에 5개, 14개의 손가락뼈를 합하면 총 27개의 뼈로, 양손은 54개. 전체 몸의 4분의 1을 차지한다. 손은 신경, 힘줄, 혈관과 함께 섬세한 조화를 이루며 정교한 작업을 수행한다.

눈과 손의 협응 능력을 관장하는 소뇌의 경우 농구선수들이 일반인보다 14% 더 크다는데, 손가락과 미세한 손끝까지

Photo. Elia Pellegrini

운동하는 악기 연주자들이나 양손을 사용하는 피아니스트는 더 발달하지 않았을까 싶다. 실제로 피아니스트들은 양발, 양손을 자유롭게 사용하기에 운전도 빨리 배우고, 필기나 설거지 등에서도 순발력이 빠른 편이다.

유아 시절 피아노 훈련은 여러모로 좋은 점이 많다. 유치원 때까지 아이들은 손의 아귀힘은 좋지만 손가락의 독립적인 힘을 기르기 어렵다. 종이접기, 가위질, 찰흙 놀이도 좋지만 피아노는 어깨로부터 내려오는 힘을 손가락 끝으로 분리하는 연습이 가능해서 바이엘과 같은 기초 연습만 시켜도 펴져있던 손바닥에서 둥글게 손등을 지붕처럼 세울 만큼 손가락의 힘이 생긴다.

악기를 하며 가장 첫 번째 물리적인 테크닉은 손가락의 힘을 기르는 일인데, 양손을 균형 있게 사용하는 것은 피아노이다. 정확한 음정을 만들기에 심혈을 기울이지 않아도 직관적이라 심플하다.

악보 읽기는 수학 기호 그래프처럼 되어 있어 올라갈수록 높은 소리, 내려갈수록 낮은 소리가 된다. 줄과 칸 외에는 존

재하지 않으므로 하나만 알면 둘셋을 알 수 있다. 높은음자리표와 낮은음자리표를 균형 있게 배우며 소리는 하나의 형상화, 이미지가 된다.

앞서 말했듯 눈과 손의 협응 능력이 좋아져 빠른 속도의 정보 처리를 할 수 있다. 눈으로 악보를 읽고 손으로 이어져 타건을 하는 순서가 여러 번의 반복을 통해 움직임이 자연스러워진다. 이후 악보를 보는 횟수가 줄고 감정적인 표현을 하게 될 때, 악보 읽기는 제품의 매뉴얼과 같이 가이드 역할을 하고 실전을 즐길 수 있게 된다.

운전을 할 때 모든 사람은 On Air 생방송 중이 된다. 자동 운전을 하는 것이 아니라 순간의 움직임을 포착하고 반응하고 신호를 보내고 목적지에 도달한다. 음악도 시간 예술이라 연주를 시작한 순간부터 On Air이다. 연습이 아닌 연주는 틀려도 계속 그 박자를 이어가야 한다. 그러한 현장감은 음악에서 배울 수 있고, 그 짜릿함 때문에 연주자들은 지금도 무대에서 살고 싶어 한다.

그 현장감은 사람들 앞에서 나를 드러내거나, 그룹 안에서 리더십이 필요할 때 창의적이고 주도적인 능력이 된다.

다른 악기를 배우게 되더라도 양손 악보를 보고 짧은 소곡집이나 소나티네를 서너 개 정도 치고 넘어가는 것이 더 빠른 지름길이다. 그렇게 하면 멜로디와 반주의 분명한 경계선을 알게 되고 악보에서도 자유로워지고 귀도 훈련이 된다.

바이올린이나 플루트 같은 솔로악기들도 결국 피아니스트와 함께 호흡을 해야 하기에 피아노를 들을 줄 알아야 하며, 피아노의 화성과 배음을 통한 귀 훈련은 음정을 찾는 데도 큰 도움이 된다.

Photo. Marius Masalar

똑똑한 연습

연습은 연주처럼, 연주는 연습처럼 하라는 말을 듣곤 하는데 그 말엔 반대이다. 연습은 연습답게 날카롭게 쪼개서, 연주는 연주답게 풍요롭게 즐기며 해야 한다.

시간은 없고 할 것은 많아 적은 연습으로 큰 효과를 낼 수 있는 방법을 늘 고민한다. 음악 연습은 곧 연주를 향한 길이기 때문에 연주를 목표로 삼는다. 날짜까지 있다면 더 좋다. 완성도가 더 높아지기 때문이다. 어떤 일이든지 마감이 있어야 집중력을 세분화할 수 있다.

악보를 보는 1단계에선 먼저 악보 페이지 수를 체크한다. 전체가 몇 페이지인지, 구조를 보고 A-B-A라면 반복 부분을 확인하고 힘 뺄 곳을 찾는다. 연필로 악보 마디에 사선을 그으며 이미지로 구분한다. 보통의 곡들은 테마를 기준으로 반복이 있고, 조성이 달라지더라도 패턴이 있다. 반복이나 패턴을 찾으면 정말이지 땡큐다.

만약 전체가 10페이지이고, 뒷부분 2페이지가 반복+피날레 구조라면 총 8페이지라고 생각한다. 주어진 시간이 두 달이라고 했을 때, 60일 평균 2시간 연습이면 120시간이 든다. 한 달 안에는 손가락이 잘 돌아갈 만큼 만들고 나머지 한 달은 섬세한 표현과 무대 매너를 연습한다.

가장 처음엔 음악을 들어보는 것도 좋다. 너무 많이 들으면 따라갈 수 없어 힘이 빠질 테니 음악의 뉘앙스를 아는 정도로만 들어도 좋을 듯하다. 그리고 한번 정도 초견으로 처음부터 끝까지 마구 틀려도 쭉 쳐보도록 한다. 어느 부분이 쉽고, 어려운지 대략적으로 체크한다.

그리고 작곡가의 배경, 음악에 대한 이야기를 찾아보면 큰 도움이 된다. 클래식 시대의 음악들은 추상적이고 구체적인 대상이 없기 때문에 작곡가의 의도를 아는 것은 무척 중요하다. 요즘같이 좋은 세상이 어디 있는가, 인터넷에 검색만 하면 악보부터, 영상, 해석, 논문까지 다 나온다. 영어를 열심히 배워야 하는 이유가, 이처럼 정보 검색 역량에 있다.

1주는 욕심 부리지 않고 하루 한 장 분량의 악보를 읽는다. 8~10장이니 일주일 이상 걸릴 듯하다. 하루의 분량을 읽고, 전날 읽은 부분을 마지막에 이어서 연습한다. 절대 빠르지 않되 멈추거나 머뭇거리지 않고 속도를 이어간다. 이때 나만의 손가락 번호나 읽기 어려운 노트들은 대놓고 '도'라고 써가면서 직관적인 이미지로 볼 수 있도록 나만의 악보를 만든다.

연주까지 두 달 남은 시점에서 딱 절반인 한 달째는 음악이 끊이지 않게 한 번에 연주할 수 있어야 한다. 틀리는 부분이 있어서 머뭇거리거나 멈추면 안 된다. 그런 블랙홀은 따로 집중 연습을 한다. 그런 부분을 해결하지 않으면 연주 당일, 당황스러운 상황에 이르게 될지도 모른다.

5~6주째는 악보로부터 눈이 자유로워지니 표현에 집중한

다. 어떻게 하면 잘 치는 것처럼 들릴까를 고민한다. 아나운서가 정확한 발음과 억양으로 정보를 전달하는 것처럼, 음악도 정확한 멜로디와 반주의 경계, 꼭 들려야 할 소리와 받쳐주는 소리를 구분한다. 큰 소리는 더 크게, 작은 소리는 본인도 숨 죽이게 연주한다.

마지막 주인 8주째는 녹화 연습을 한다. 어느 순간에 실수를 하는지, 어떤 부분은 괜찮았는지 돌발 상황에 대한 예측을 하고 꼼꼼히 모니터링을 한다. 레코딩 버튼을 누르는 것은 참으로 떨리는 순간이다. 그냥 연주와는 다른 긴장되는 순간이다. 그 순간과 자꾸 친해져야 한다. 그리고 그 긴장과 집중의 시간에 나오는 또 다른 즐거움이 있다. 무대에서만 나오는 에너지는 연주자를 연주자답게 만드는 희열이 있다.

또한 여러 열악한 상황을 연출해본다. 손을 차갑게 씻고 바로 한 번에 연주를 한다든가, 불을 끄고 연주를 하거나, 아침에 눈을 뜨자마자, 가족 앞에서, 다른 피아노에서 등과 손을 풀거나 리허설을 하지 않고 바로 연주를 시작하여 10초 안에 건반을 내것으로 만들고 나의 피아노로 만들어 버린다. 자, 다시 정리해보자.

〈연습에 들어가기 앞서〉

1. D-Day
2. 연습 시간 확인(며칠, 몇 시간 가능한지 분배)
3. 페이지 수 확인
4. 작곡가와 곡의 배경 찾아보기

〈연습이 시작되면〉

1주: 초견, 페이지 나누기, 연습 계획표 짜기
2주: 악보 읽기 끝내기
3주: 잘린 부분 연결, 부분 테크닉 연습
4주: 멈추지 않고 전체 연결 연습
5주: 속도 내기, 페이지별 암보
6주: 암보 범위 넓히기, 다이나믹 등 표현력 극대화시키기
7주: 암보 완성, 다양한 연주 감상하며 비교하기
8주: 다양한 환경에서 피아노 쳐보기, 매일 녹화, 거울 보며 무대 매너 익히기

거꾸로 스케일

스케일이란 음과 음 사이의 거리이다(음계). 다시 말하면 평면의 거리가 아닌 높낮이가 있는 계단과도 같다. 피아노 안 해머 줄을 보면 오른쪽으로 갈수록 줄이 가늘어지고, 왼쪽으로 갈수록 굵어진다. 소리는 오른쪽으로 갈수록 가볍고 올라가며, 왼쪽으로 갈수록 무겁고 내려간다. 스케일은 여러 가지가 있는데 크게 장조 Major, 단조 minor가 있다.

'도'부터 '도'까지 8개 음을 한 옥타브라고 할 때 음의 계단은 공식처럼 정해진 손가락 번호와 함께 소리를 연결한다. 이 연결은 곧 곡을 연주할 때 굉장히 중요한 멜로디 라인이 된다. 조성, 화성을 해석하지 않는다고 해도 작곡가들은 본인이 지정한 조성 안에서 멜로디를 만들고, 화음을 만들고, 길이를 늘였다 줄였다 하며 음악을 구성한다.

조성^{Key Signature}은 스케일을 구성하는 이름이다.
도레미파솔라시

총 7개의 스케일이 있는데 각 방에는 장조 하나, 단조 두 가지가 있다. 또 하얀 건반(도레미파솔라시) 7개와 검정 건반(레b 미b 솔b 라b 시b) 5개를 합하면 총 12개의 음이 되는데 익혀야 할 스케일의 개수는 12×3=36개가 된다.

내가 연주하는 곡이 D장조(나장조)라고 했을 때, 그 곡은 D장조만 나오지 않는다. 무엇인가 변화가 일어나게 된다(전조, modulation). 가장 친한 화성인 1도(D), 4도(G), 5도(A), 그리고 1도 단조(D minor)까지 익히면 그 곡에 나오는 멜로디 라인과 왼손의 반주, 화성과 진행 방향들을 예측할 수 있고, 스케일 연습만 해도 손가락이 알아서 길을 찾는 마법을 느끼게 된다.

연주를 잘하는 것처럼 보이는 속임수 fake는 스케일을 잘 연주하는 것이다. 은쟁반에 옥구슬 굴러가는 듯한 명쾌함은 곡을 통한 연습이 아니라 평소 스케일을 꼼꼼히 꾸준하게 연습하는 것에서 나온다.

앞서 말한 장조와 단조를 연습하되 양손을 반대로 교차하여 연습하면 몇 배의 효과가 있다. 단 왼손이 아래, 오른손은 위를 향해야 한다. 꼭 오른손잡이가 아니더라도 대부분의 피아노 음악은 오른손이 멜로디를 담당하고 왼손이 반주를 담당하기에 오른손이 더 빠르고 멜로디 라인에 강하다. 그 균형을 위해 왼손은 멜로디처럼 연습하도록 안정적인 위치의 아랫부분에서, 굳이 신경 쓰지 않아도 잘 따라올 오른손은 살짝 위에서 스케일을 연습한다.

적어도 2~3 옥타브는 연습해야 긴 패시지를 연습할 수 있고, 팔꿈치의 움직임, 상체가 좌우로 이동해도 흔들리지 않는 스케일을 연주할 수 있다. 하루를 시작하는 스트레칭과 같이 10~20분 정도 거꾸로 스케일 연습을 하면 다시 양손이 돌아왔을 때 왼손은 가볍고 빨라지며 오른손은 더 자유로워졌음을 느낄 수 있다.

스케일 연습의 대명사인 하논 교재가 있다면, 39번에 있는 36개의 스케일 연습을 해도 좋지만, 하루 10분 연습이라면 조금씩 쪼개어 연습을 해도 좋다.

오늘이 홀숫날이라면 1, 3, 5, 7, 9번을, 오늘이 짝숫날이라면 2, 4, 6, 8, 10번을 서너 가지 리듬으로 바꾸어 연습하면 효과적이다.

- **하루 10분, 3가지 리듬, 거꾸로**
- 연습: 홀수(1, 3, ~ 9번)나 짝수 (2, 4, ~ 10번) 리듬 ① ② ③
- 리듬: ① ♫♪ ② ♪♫ ③ ♪♪♫

출처: 『친절한 피아노 레슨』, 문효진, 돋을새김, 2010

마리오네트 인형

좋은 자세는 좋은 소리를 불러온다. 악기를 다스리려면 손가락까지 이어지는 팔, 어깨, 몸통, 발끝까지 유기적으로 잘 활용해야 한다. 한 걸음 내딛는 발처럼 모든 관절과 근육이 다른 역할들을 하며 하나의 움직임을 만든다.

신기하게도 듣지 않고 연주자의 자세만 보아도 그려지는 소리들이 있다. 공중을 향해 소리를 보내는 울림 있는 소리. 팔의 제스처만 보아도 소리를 보내고 받는 긴장과 이완의 정도를 알아차릴 수 있다.

소위 대가들의 연주는 눈으로만 봐도 몸의 상체가 물 위에 떠 있는 듯 호흡과 움직임, 긴장과 이완, 멜로디의 흐름, 호흡과 일치하며 춤을 추듯 자연스럽게 움직인다.

물리적으로 소리를 주고받으며 소리의 증폭, 크기의 조절, 높낮이 등을 위해 가장 필요한 것이 근육의 이완을 잘 조절하는 것이다. 마치 달릴 때 발이 바닥에 닿는 순간에는 힘차게 도움닫기를 하지만 곧바로 힘을 빼고 다른 다리에 힘을 보내듯, 힘을 자연스럽게 이동시킬 수 있어야 한다.

릴랙스

피아노를 칠 때 팔의 모양 중 손가락 마디, 손허리뼈, 손목뼈 그리고 팔꿈치와 어깨까지 마리오네트 인형처럼 실에 걸려 춤을 추는 듯한 모습을 만든다. 가장 편한 움직임일 때 가장 편안하고 울림 있는 소리를 만들 수 있다.

신체를 사용해 소리 내는 방법을 이론적이고 논리적으로 설명 들었더라면, 더 어린 나이에도 깊이 있는 배움이 가능했을 텐데, 유아 시절 피아노 학습은 진도 나가기에 바빴다. 작곡가가 누구인지, 어떤 사람이었는지, 팔을 어떻게 써야 하는지에 대한 내용은 입시 준비할 때조차 배워본 적이 없었고 나이가 한참 들어서야 알 수 있었다.

마리오네트 인형을 보면 실이 걸려 있는 관절 부분은 무게를 공중에 실어 위를 향한다. 나머지 부분들은 중력의 힘으로 아래로 떨어져 이완되어 있다. 연주 타건 때 팔의 무게는 다시 피아노에 싣는다.

허리를 펴고 의자 앞쪽으로 무게중심을 잡는다.

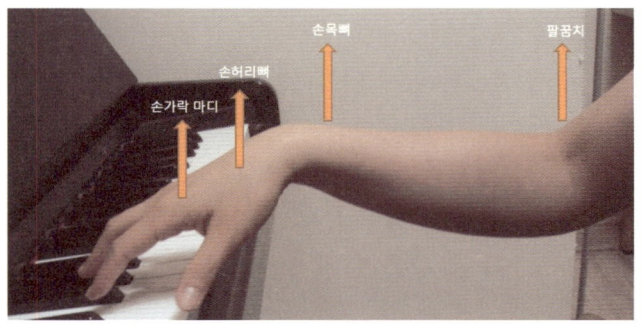

출처: 『친절한 피아노 레슨』, 문효진, 돌을새김, 2010

의자 높이: 앞 팔을 올렸을 때 건반과 수평을 이룰 정도

의자와 피아노 거리: 건반에 손을 올렸을 때 팔꿈치가 130도 정도

피아노 치는 팔의 각도: 110~130도가 가장 적절

(88개 건반을 치기에 가장 유동성 있음)

피아노 포르테

포르테 f

 포르테, 큰 소리를 낼 때 보통 손가락에 힘을 주어 큰 소리를 내려고 한다. 아주 틀린 얘기는 아니다. 악센트처럼 순간적인 큰 소리는 그것이 이상적이다. 그러나 점차적으로 볼륨이 커지는 세기는 힘만 들여 소리만 큰 것이 아니라 벌어진 두 팔에 풍선이 부풀어 꽉 찬 기분이 들 듯, 몇 마디 동안 소리에 소리가 쌓여 두껍고 뚱뚱해진 소리가 되어야 한다.

그러려면 단지 손가락 힘만으론 부족하다. 열심히 앞을 향해 달려가는데 뒤에서 바람이 불어 몸의 무게가 앞으로 쏠리는 기분으로 더 증폭되어야 한다. 결국 큰 소리는 빠른 질감의 무거운 소리가 된다. 따라서 손도 무거워져야 한다. 손가락에서 손등, 팔꿈치를 타고 어깨, 상체까지 힘을 다 실어 피아노 건반에 쏟아부어야 한다. 몸을 지탱하던 왼쪽 발은 상체가 실려 넘어지지 않도록 지렛대 역할을 하게 된다.

F(힘) = m(질량: 손가락 1개당 무게로 약 0.3kg) × a(가속도)
        m: 손가락 무게 + 몸의 무게
M(질량)이 커지기 때문에 소리도 커지게 된다.

같은 높이에서 가벼운 공과 무거운 공이 떨어지는 속도를 상상해보자. 무거울수록 더 빨리 무섭게 파괴적으로 떨어진다.

그리고 클라이맥스의 목표 지점에서는 0.1초 더 빨리 건반에 도착하여 강한 소리가 더 뚜렷하게 들리게 한다. 소리의 타건 이후 울림을 더 빨리 완성하여 멀리서 더 선명하고 강하게 들리게 하기 위함이다.

포르테: 손으로 건반을 밀듯이

피아노 p

작은 소리는 큰 소리보다 더 많은 에너지가 필요하다. 큰 소리는 대부분 쉽게 내지만 작은 소리, 더 작은 소리, 속삭이는 소리까지 구현하기는 어렵다. 작게 소리 내는 만큼 그 소리의 에너지를 내 팔에 숨겨야 하기 때문이다.

각 손가락의 무게를 아래쪽 팔로 조절해야 하기 때문에(중력의 힘을 거꾸로 받기 때문에) 더 많은 에너지 조절이 필요하다. 노래도 마찬가지다. 고음의 클라이맥스는 대부분 화려하여도 노래의 마무리, 작아지거나 사라지는 여운, 시간 조절과 소리 조절은 고수들만이 할 수 있다. 좋은 스피커는 볼륨이 아무리 작아도 세밀하게 정확한 소리들을 내듯이, 힘 빠진 풍선이 아니라 옆에 있던 군악대가 멀리 사라지는 듯한 느낌이다. 포르테와 반대로 건반에서 몸을 멀리 하거나, 팔을 가볍게 공중에 띄운다 생각하고 건반은 최소만 누른다.

움직임의 순서는 다음과 같다.

1. 손가락 마디 〈 2. 손가락 〈 3. 손목 〈 4. 팔꿈치 〈 5. 팔 전체 〈 6. 어깨

그래서 100에 가까이 가장 큰 소리를 낼 때는 망치를 두드리듯 손목과 팔꿈치를 하나의 움직임으로 만든다. 반대로 가장 작은 소리를 낼 때는 가장 작은 움직임, 얼굴의 간지러운 부분을 살짝 긁듯이 손가락 마디 부분만을 사용한다.

F(힘) = m(질량: 손가락 1개당 무게로 약 0.3kg) × a(가속도)

    m: 손가락 무게를 아래쪽 팔로 들어준다. 더 작아진다.

    m(질량)이 작아지기에 소리도 작아지게 된다.

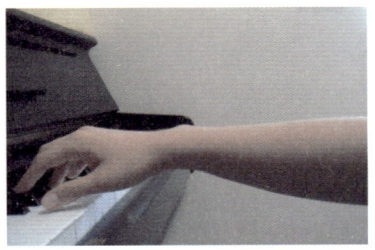

피아노: 손을 몸 쪽으로 당기듯이

피아노 포르테

피아노의 원래 이름은 피아노 포르테$^{Piano\ Forte}$이다. 피아노 이전의 악기인 하프시코드는 건반 뒤에 연결된 가는 줄을 뜯어서 내는 소리였기 때문에 건반을 누르는 힘의 세기와 상관없이 일정한 소리가 났다. 작은 볼륨과 한정된 표현 때문에 16~17세기 바로크 음악에서 하프시코드는 전체 오케스트라에서 적은 부분의 반주 역할만 담당했다.

18세기, 나무로 만든 해머와 다른 무게의 울림판과 줄, 울림 있는 페달이 추가되어 세밀하고도 웅장하게 가로세로를 종횡하는 다이나믹 표현이 가능해진다.

피아노는 구석에서 무대 중앙으로 나와 솔로 악기로 성장하였다. 힘 있는 메시지를 만드는 베토벤, 화려한 반주에 서정적인 시와 같은 쇼팽, 장편의 영화를 보는 듯한 스토리텔러 리스트에 이어 오늘날까지 피아노는 가장 쉽고도 어려운 악기가 되었다.

말 그대로 피아노와 포르테를 어떻게 구현해야 할 것인가는 연주자의 숙제이다. 같은 '피아노'라고 해도 힘이 빠지는 소리인지, 긴장감 있게 멈추는 소리인지, 슬픈 소리인지 머릿속 마인드맵에서 필요할 때마다 잘 끄집어내야 한다. 더군다나 모차르트의 피아노와 리스트의 피아노, 작은 소리는 더욱 다르지 않을까 싶다.

모차르트 시대 17세기 고전파의 피아노는 지금과 같은 피아노가 아닌 하프시코드에서 넘어갈 때이며, 개인적인 감정과 이야기를 넣지 않고 귀족과 왕들을 위해 헌정하는 음악이 주류를 이루었을 테니 감정보다 이성에 가까운 소리를 만들어야 한다.

반면 쇼팽이나 리스트, 슈만, 슈베르트, 브람스와 같이 피아노 테크닉의 최대치를 끌어올린 작곡가들의 음악은 구체적이고 개인적인 감정을 쏟아부어 그 누군가를 위한 애정의 선물, 헌정, 슬픔의 애도 등을 음악으로 표현했다. 지극히 구체적이고 개인적인 감정의 전달은 타인의 공감을 이끌어내고 감동을 만들어낸다. 절묘한 날씨, 애절한 멜로디, 나의 오랜 추억들이 뒤섞여 어딘가의 푸른 호숫가를 거닐게 한다.

소리*에 대한 생각은 꼬리에 꼬리를 물어 나에게 다시 묻는다. 단순히 크고 작고의 차이가 아닌 수많은 감정과 이성 사이를 결속시키는 소리. 귀로 들어와 가슴에서 숨을 들이마시고 다시 머리로 바람처럼 나가는 소리. 나는 과연 어떤 소리를 보고 듣고 마시고 만질 수 있을까.

비효율적인 것 같아도 연습 때 이러한 추상적인 상상은 큰 도움이 된다. 추상적인 형태를 구체화시키는 작업은 비단 음악만이 아닌 수학의 언어, 과학의 본질, 글 속의 감정 또한 이

---

* 소리: sound, noise, voice, tone
 물체의 진동에 의하여 생긴 음파가 귀청을 울리어 귀에 들리는 것.

Photo. Miguel Dominguez

끌어내는 일상의 작업이기 때문이다. 베토벤의 소나타 14번도 사후에 〈월광〉이라는 제목이 붙은 덕분에 베토벤이 소유했던 밤하늘, 달의 이야기에 더 많은 사람들이 공감하게 되었으니 말이다.

Piano

스며드는 소리, 가라앉는 소리, 사라지는 소리, 멀어지는 소리, 퍼지는 소리, 감싸 안는 소리, 마음을 두드리는 소리, 보내주는 소리, 사랑해 고백하는 소리, 숨을 멈춘 소리, 말없이 바라보는 소리, 입맞춤의 소리, 겸손한 소리, 연한 핑크 소리, 미소 짓는 소리, 파르르 설레는 소리, 아이스크림 녹는 소리, 눈으로 웃는 소리, 아기 발가락 만지는 소리, 공중에 떠 있는 소리, 귓속말하는 소리, 간지럽히는 소리, 꽃잎 떨어지는 소리, 손을 내미는 소리

Forte

가슴 열리는 소리, 터질듯 팽창하는 소리, 두꺼운 소리, 뚱뚱한 소리, 고함치는 소리, 코끼리 발걸음 소리, 넓어지는 소

리, 하체에 힘을 주는 소리, 주먹 불끈 쥐는 소리, 화살 꽂는 소리, 다짐하는 소리, 포옹하는 소리, 푸른 바다빛 소리, 호랑이가 할퀴는 소리, 회오리 치는 소리, 뜨거운 밤의 소리, 비바람 견디는 소리, 하늘 위 우주소리, 기름 부음 받는 소리, 큰 호흡하는 소리, 용서하는 소리, 고래와 눈 마주치는 소리

그렇게 당신을 만나 당신은 나의 piano forte

레가토 레가토

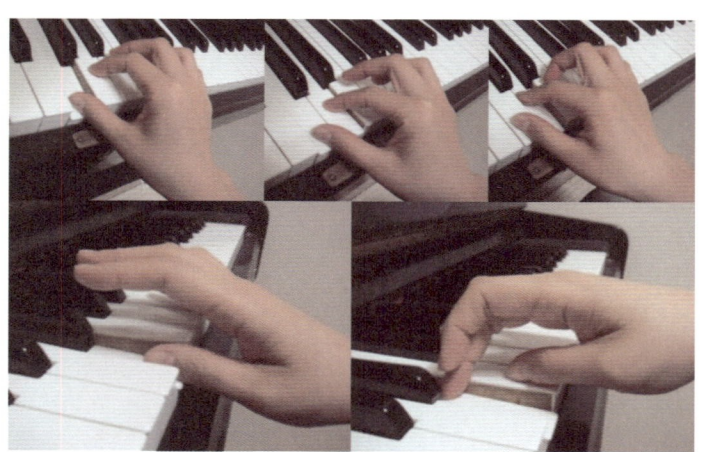

- 건반에서 다른 건반으로 옮겨갈 때 최소의 움직임으로 연결을 만든다.
- 팔도 같이 호흡을 해야 흐름이 끊기지 않는다. (프레이징)
- 긴 패시지일 때 팔꿈치에서 끌어당기듯이 움직임을 도와준다.

부모에게 존댓말을 하는 아이들을 보면 참으로 기특하다. 그 아이들은 사춘기가 다가와도 적절한 어투로 본인들의 들끓는 감정을 조절할 것이다.

그 아이의 부모는 존댓말로 잠도 재우고 노래도 불러주고 책도 읽어줬을 것이다. 그 아이는 자라며 엄마의 품 안에서 누렸던 사랑과 평화를 딛고 세상을 바라보는 눈이 생긴다. 그 끈끈한 감정은 첫 지렛대가 되어 세상을 향한 관계 그물망을 안전하게 받쳐준다.

피아노 주법에서 가장 어려운 것은 '레가토^{legato}(부드럽게 이어서)'라고 생각한다. 테크닉 주법이라고 하기에 무색할 만큼 가장 기본적이고 처음부터 배우는 것이라 의아해할 수도 있지만, 누에고치에서 명주실 뽑듯이 느린 속도로 더디고 끈적

하게 흘러내리는 레가토는 멜로디의 연결을 넘어 감정선까지 다스린다.

'도레미파솔'을 연주한다고 했을 때, 손가락은 5개가 필요하고 5개의 음을 연주하되 조금 길게 연결한다고 생각한다. 이번엔 세 번을 연주하되 첫 번째는 레가토, 두 번째는 논레가토 non legato(연결하지 않고 끊어서), 세 번째는 스타카토 staccato(음을 끊어서)로 해 보자.

보통 연주자들은 이 세 가지 주법의 열쇠가 진행되는 음을 연주하는 손가락 마디에 달려 있다고 인지하고 도-레-미-파-솔을 향해 진행한다.

레가토의 경우, 음은 지속되어야 하고 멀리서 들었을 때 잔향이 있어야 한다. 다시 말해 치는 음보다 떼는 음의 길이가 길수록 rich, 풍성한 연결이 된다. 결국 레가토는 진행 음이 아닌 이전 지속음을 늦게 뗄수록 잔향이 남고, 빨리 뗄수록 깨끗한 논레가토가 된다. 빠른 스케일은 손가락을 빨리 치는 게 아니라 빨리 뗄수록 날아간다는 말. 빨리 달리고 싶다면 발을 빨리 떼어라.

스타카토는 독립된 한 음의 강한 악센트가 아니고, 스케일 안의 지나가는 음이라면 손가락보다 손목을 하나의 그룹으로 움직이며 손끝을 야무지게 건반에서 분리시킨다.

손가락과 건반의 접촉 시간에 따라 레가토, 논레가토, 스타카토가 된다. 마치 아이들의 존댓말 같은 레가토는 감정을 전달하는 멜로디를 증폭시켜 따뜻하고도 풍성하게 음악을 전달한다. 대가들의 연주를 보면 허리, 등에서 쏟아져 나오는 음악의 흐름이 팔을 타고 흘러내려 건반에 도달하는데 그 모습은 공중에 떠 있는 듯 황홀한 세계에 빠져있는 것 같다. 음의 연결선을 최대한 멀리, 오래 지속시켜 물속으로 깊이 잠수하다 다시 밖에서 올라가는 것처럼 몸을 어떤 흐름에 맡기는 것이다.

같은 멜로디도 긴 동선을 그리며 만들어내는 것의 깊이가 다르듯이 말이다.

멜로디의 무게

 팔은 손가락마다 힘줄이 다른 방향으로 꼬여 있다. 이 섬유질의 근육 힘으로 손가락이 얼마나 독립적이고 단련되어 있는지 알 수 있다.

 어느 날 내 손의 근육이 궁금해졌다. 수없이 열 손가락을 내려치는데 아령을 들듯 어느 부분의 근육이 발달하지 않았을까.

 어깨나 물건을 드는 힘, 손의 아귀힘이 셀 줄 알았지만, 의

외로 손가락 운동의 근육은 아래팔에 다 새겨져 있었다. 인체과학 측면에선 이상할 게 없다. 근육과 섬유질은 유기적으로 얽히고 섞여 작고 큰 근육 조직을 만든다.

  좋은 손가락은 10개의 손가락이 독립적으로 잘 분리된 손가락이다. 다시 말해 각 손가락이 각자 같은 무게를 들 수 있어야 한다는 말이다.

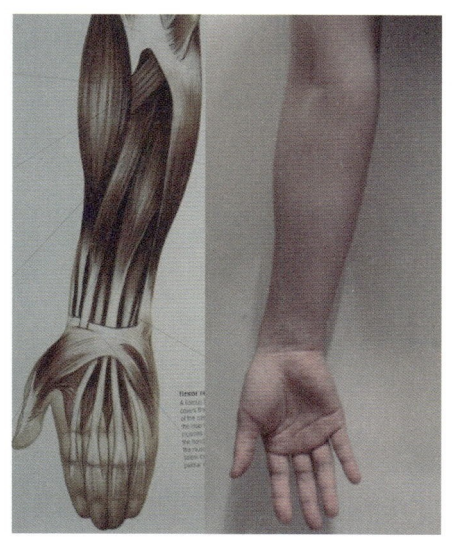

출처: 『친절한 피아노 레슨』, 문효진, 돋을새김, 2010

그러나 손가락의 길이는 다 다르고, 평면의 건반에 닿아야 하고, 좌우 88개의 음이 있다보니 다른 위치에서 다른 각도까지 만들어야 한다. 그리고 각기 다른 무게의 해머를 울려 소리를 내기 때문에 손끝에 팔의 무게도 조절해야 한다.

멋진 왕따, 1번 손가락

홀로 다른 곳을 보고 있는 1번 손가락은 외롭다. 건반을 건드리는 부분도 손톱의 옆 부분이기 때문에 면적 조절도 잘해야 한다. 한 손의 손가락은 5개이지만, 연주해야 하는 멜로디는 더 많은 음을 한 번에 이어가야 한다. 스케일같이 여러 옥타브를 연결해서 쳐야 할 경우, 5개의 손가락을 계속 바꾸면서 연주해야 하기에 1번 손가락은 참으로 중요하다.

이미 납작하고 평평한 1번 손가락 때문에 손 전체가 내려앉지 않도록 한다. 가장 짧은 1번, 가장 긴 3번 손가락이 친하게 지내도록 도넛 모양으로 둥글게 만든다. 손등이 무너지지 않게 하기 위해서.

5개 음 이상 멜로디가 길 경우 3번, 4번 손가락 뒤에 1번이 나오도록 연결을 하는데, 바꿀 때 손등의 높이가 무너지지 않도록 주의해야 매끄러운 스케일을 만들 수 있다.

믿음직한 2번 손가락

깨물면 안 아픈 손가락이 있겠냐마는, 듬직해서 마음이 더 가고, 안타까워서 마음이 더 가는 아이가 있다. 트릴같이 재빨리 움직여야 하거나 강하게 시작하는 멜로디는 보통 2번이다. 올라가든 내려오든 2번은 엄지손가락을 뺀 네 손가락의 맏언니처럼 스케일을 주관한다.
시작하는 멜로디는 가능한 2번이 앞서주는게 선명하다.

지붕 세우기 3번 손가락

3번 손가락은 가장 길어서 많이 구부려야 하는 만큼 힘이 약하다. 키가 작은 1, 5번과 함께 손등의 손가락뼈가 잘 보이도록 아치형이 되도록 세운다. 너무 많이 구부려서 살보다 손톱에 무게중심을 두지 않도록, 그러면 미끄러지니까.

이때 손가락 마디가 꺾이지 않도록 한다. 손톱에서 가장 가까운 손가락 마디가 자꾸 꺾이면 손가락 밴드 같은 것을 이용해 손가락 마디가 잘 세워지도록 연습하는 것도 좋다.

3번 손가락이 지붕의 아치처럼 잘 세워져야 나머지 손가락의 각도가 정해진다. 1-2, 3-4-5번 손가락이 그룹으로 나뉘어 팔의 무게중심이 살짝 양손 바깥쪽을 향하는 것이 좋다.

약해서 안타까운 4번 손가락

독립적으로 홀로 서 있기 가장 안타까운 것이 4번 손가락이다. 팔의 무게를 실을 만큼 되려면 오랜 시간 공들여 연습을 해야 한다. 한 발로 몸을 버티고 다른 한 발을 자유롭게 움직여도 몸의 균형을 이루는 요가처럼, 어설픈 키다리 3번과 강하지만 스스로의 힘을 모르는 5번 사이에서 갈팡질팡하다가는 지저분한 스케일을 만들고 방해만 될 뿐이다.

힘을 기르는 방법은 4번이 나오는 패시지마다 더블^{Double}, 두 번씩 누르며 그 체온을 기억하며 연습한다.

하논의 스케일이 4개의 리듬을 기준으로 연습할 때 도-미-파-솔-라를 지나갈 때 4번 손가락으로 치는 부분을 인지하여 도-미-파-솔솔로 연습을 하면 효과적이다. 보통 연습은 3번을 기준으로 한다. 그리고 더블 연습을 빼고 원래 악보대로 속도를 빨리 한 번에 친다.

가장 중요하고 강한 5번 손가락

가장 중요한 손가락은 양쪽 5번 손가락, 새끼손가락이다.

왼손은 베이스 라인을, 오른손은 멜로디의 끝을 연주하기 때문이다. 그래서 훈련이 잘되면 가장 강한 손가락이 된다.

새끼손가락은 약해 보이지만 가장 큰 지렛대가 있다. 새끼손가락에서 이어지는 손바닥, 팔꿈치까지 팔 전체가 하나의 손가락이 된다.

좋은 연습 방법은 팔이 망치가 되었다 생각하고 손목을 흔들지 않고 고정한 채 팔꿈치를 지렛대로 팔 전체를 위에서 아래로 새끼손가락을 세우고 타건을 한다. 꼭 피아노 건반이 아닌 나무로 된 책상이나 테이블도 좋다. 심심할 때 틈틈이 손가락 끝을 세우는 연습을 한다. 단지 세우는 것이 아닌 팔의 무게를 실어도 흔들리지 않고 손가락이 꺾이지 않고 서야 한다.

멜로디의 무게

음악의 대부분 멜로디는 높은 음역대에서 움직인다. 같은 멜로디를 여러 음역대에서 동시에 연주하면 가장 잘 들리는 소리는 역시 높은 소리이다. 오케스트라에서는 피콜로, 플루트가 가장 높은 소리이고 바순, 튜바, 콘트라베이스가 낮은음을 주관한다.

좋은 오케스트레이션은 각 악기의 음역(pitch, 피치)을 잘 알고 분배하는 것이다. 작은 오케스트라로 불리는 피아노 역시 높은 음역대인 오른손 쪽이 멜로디를, 낮은 음역대인 왼손이 반주 부분을 담당한다.

멜로디와 반주는 같이 움직이지만 다른 공간처럼 들려야 한다. 평면에서 보는 것이 아니라 삼각형 꼭짓점에 멜로디가 걸려 있듯, 더 입체적이고 가까이 들려야 한다. 반주 부분은 두드러지지 않지만 배경과 여백을 채우듯 평면으로 펼쳐져야 한다. 그림으로 보면 원근감이 느껴지는 것처럼, 포인트와 배경이 구분되어 있지만 자연스럽게 표현되어야 한다.

오른손은 더 가벼운 피아노 줄을 사용하고, 왼손은 두꺼운 피아노 줄을 쳐야 한다. 같은 무게가 아니기에 오른손은 더 선명하고 잘 들리게, 왼손은 잘 감싸도록 둥글게 연주해야 한다.

 소리를 말로 표현하는 것은 어렵다. 이렇게 표현해라 하는 말은 더더욱. 그래도 고민하는 사람에겐 일편의 해소가 되기를.

대회에 나간다면

제주에서 음악 콩쿠르를 진행한 지 5년이 넘어가고 있다. 제주에서만 끝나는 콩쿠르였다면 시작하지 않았겠지만, 전국 14개 지부에서 서울의 1, 2차를 거쳐 추려진 청소년들이 독일 베를린 청소년 콩쿠르까지 캠프 형식으로 갈 수 있는 콩쿠르이다(모차르트 한국콩쿨 제주지부대회).

어릴 적 나갔던 콩쿠르의 기억은 그다지 행복하지 않았다. 내가 어떤 연주를 했는지, 남들은 어떤지 들을 수 있는 귀는 없었고, 엄마나 선생님의 피드백만 남았다. 등수가 나쁘면 내가 실수도 했겠지만 심사위원의 부정 심사나 비밀스러운 이해관계 때문일 거란 얘기까지 들었다. 나를 위로하기 위해서인지 진짜인지는 모르겠지만, 예민했던 고등학교 입시 시절 아슬아슬한 등수는 심히 아쉬웠다.

"효진아, 콩쿠르는 너의 연습을 완성시켜 주는 과정일 뿐이란다. 이번 기회를 통해 이 곡은 너의 곡이 되었어. 무대에서의 두려움과 짜릿함을 잘 기억하고 더 성장하길 바란다."

만약 이런 말을 들었다면 나의 다음 타깃은 남이 아니라 다시 내 자신이었겠지만, 나는 부정한 심사라는 얘기를 들었고, 나의 타깃은 그 선생님이 되었다. 나는 이름을 기억했고 커 가며 지켜보았고, 그 말이 사실이라는 것을 내가 직접 콩쿠르를 진행하며 확인했다.

그때의 오기와 집착으로 '나는 그렇게 하지 않겠다.'라는 소신이 생겼고, 후배와 제자들에게 부끄럽지 않은 모습을 보여주리라는 약속도 하게 되었다. 나의 과대한 이상은 때론 이렇게 좋은 자극이 되고 좋은 방향으로 흘러 목표를 이루는 데 일조를 하였다.

절대평가가 될 수 없는 음악 콩쿠르는 현재 절대평가로 진행되고 있다. 들으면 확실히 아는데 딱히 말로 표현하기 어려운 그것들이 기준이 되어 심사를 하고 상을 받는다. 심사위원들의 기준에 따라 음악이 절대적인 평가를 받는 것은 얼마나 흔들리는 기준이 될까.

이 콩쿠르에서 3등을 한 아이가 불과 일주일 뒤에 다른 콩쿠르에선 1등을 한다. 다른 콩쿠르에서 1등만 하던 아이가 이 콩쿠르에서 2등을 하면 엄마는 분노에 차 항의를 한다. 여러 명을 내보내는 피아노학원 원장은 등수를 바꿔 달라 전화를 한다. 내가 아는 제자가 나가니 잘 봐달라는 교수님의 전화도 받는다. 아, 이런 것이었구나. 내가 어릴 적 알 수 없었던 사각 비밀 지대는.

심사위원을 하고 싶다는 요청도 많았지만 제주에 이해관계가 없는 서울 본부의 정해진 심사위원만 할 수 있도록 차단을 했다. 내게는 심사위원을 위촉하고 등수를 바꿀 힘이 충분히 있었지만, 굳이 그럴 필요는 없다. 그들의 울음소리를 듣고 내가 소원을 들어준들 서로 좋을 게 없다. 내가 갑인 것처럼 보이겠지만 결국 그들이 갑이 될 것이다.

소수점 이하를 올려 점수를 준 적은 있어도, 어떤 누군가를 세워주기 위해 상대적인 희생을 만든 경우는 없다. 많은 학생들이 참여하면 예산은 더 커져서 좋겠지만 원장에, 교수에, 학부모에 휘둘리기 싫었다.

내가 어릴 적 받았던 상처는 이후 아물고 좋은 경험이 되었지만 아직도 진행 중인 학생들은 여러 곳에서 그러한 경험을 안고 산다.

그럼에도 필요악과도 같은 콩쿠르에서 도움을 받고자 한다면, 다음과 같은 팁을 주고 싶다.

콩쿠르 팁

콩쿠르란 많은 학생을 획일한 조건에서 평가하는 제도이고, 시간 제한이 있어 곡 선정이 80% 이상 중요하다. 대부분 첫 부분을 듣기에 시작 부분이 도발적이고 매력적이어야 한

Photo. White Rainforest

다. 보통 클라이맥스가 뒷부분에 나오기도 하지만 그렇지 않은 곡들도 있다.

초등 저학년의 경우 콩쿠르용 소나티네 교재가 따로 나와 있어서 좋은 레퍼토리를 찾기 쉽다. 평소에는 다양한 테크닉과 멜로디 라인을 충분히 배울 수 있는 곡들을 연습하되 콩쿠르곡은 최소 2~3개월 전에 따로 준비한다. 4, 2박자보다 3, 6박자처럼 흐름이 더 많은 곡들이 화려해서 도입부터 귀에 쏙쏙 들어온다. 난이도가 높지 않은 '타란텔라' 형식의 3/8박자 곡들은 듣기에도, 연주하기에도 재미있다.

초등 3~4학년은 가장 많이 콩쿠르에 참여하고 활발히 연주를 하는 시기다. 손가락이 잘 돌아가는 아이들은 긴 소나타도 건드려보고, 그렇지 않더라도 스케일이 많은 소나티네를 또랑또랑 연주한다. 콩쿠르를 많이 나가본 애들은 다른 학생이 치는 곡만 들어도 단골 콩쿠르 곡을 파악한다. 큰 실수 없이 손가락만 빨리 돌아가도 괜찮은 상을 받는다.

초등 5~6학년이 되면 전공생과 비전공생 그룹이 생긴다. 부모님은 계속 피아노를 시킬지 고민을 하고, 피아노를 선택한 아이는 학원보다 개인 레슨을 시작하며 입시를 향해 들어서기 시작한다. 손과 발도 커지며 깜찍한 모차르트를 지나 옥타브가 많고 묵직한 베토벤 소나타도 가능해지고, 예술중학교를 목표로 하면 대학 입시곡인 쇼팽 에튀드까지 진도가 나간다.

베토벤 소나타, 쇼팽 에튀드(연습곡)는 국내 대학의 기본적인 입시곡인데 요즘 많이 바뀌었다고 해도 두 곡은 꼭 해야 하는 필수 입시곡이다. 시대별로 바흐 프렐류드/푸가, 고전파 소나타 전 악장, 에튀드 연습곡, 20세기 연주곡. 한 시간가량의 4곡을 준비해야 하는 해외 대학에 비하면 아주 많이 수월하긴 하지만 고급 수준까지 탄탄하게 준비하는 것은 결국 10대 초반 안에 결정된다.

그래서 콩쿠르에선 베토벤 소나타, 쇼팽 에튀드 수준의 초등 5~6학년 이상부터 고등학생까지의 기준이 같아지기도 한다. 실제로 고등학생보다 더 뛰어난 초등학생들도 많고 지금도 점점 더 많아지고 있다.

이때부터의 심사 기준은 손가락만 잘 돌아가는 수준이 아닌, 소리의 빛깔, 다이나믹(소리의 크고 작은 정도) 사이즈, 표현력의 정도, 음악성과 무대 매너 등이 된다.

굳이 심사 기준의 순서를 나열한다면, 다음과 같다.

손가락 테크닉 → 다이나믹 → 표현력 → 음악성 → 무대 매너

최종 남은 몇 명이 같은 곡을 연주한다고 했을 때, 손가락이 잘 돌아가고 실수가 없는 것은 너무 당연한 일이다. 큰 소리는 더 크게, 작은 소리는 더 작게, 스토리를 표현하듯 멜로디를 들었다 놨다 조절할 줄 알며, 슬픈 멜로디인지, 벅찬 포르테인지 구체적으로 표현하고, 주도적으로 음악성이 흘러나와 평가를 넘어 연주 자체로 심사위원들을 설득시켜버리는 정도를 향해 가야 한다.

이 부분에 또 다른 것이 있다. 국내 선생님들과 해외 선생님들의 심사 기준은 다르다. 국내 선생님들은 아무래도 테크닉을 가장 중요시해 실수를 용납하지 않고, 해외 선생님들은 실수가 있어도 뿜어져 나오는 음악성을 높이 평가한다.

한 예로 A 학생은 손이 작고 습득력이 느려 잔 실수가 많다. 그러나 이 학생이 가지고 있는 음악적인 역량은 그 누구보다 뛰어나고, 수준 높은 레가토 멜로디 라인을 가지고 있다. 대부분의 학생들이 심사위원을 압박할 만큼 위협적으로 빠르고 화려한 곡들을 연주하는데 이 학생은 반대로 느리고 평화로운 쇼팽의 곡을 연주했고 실수가 있었어도 모두를 제치고 1등을 했다.

그 1등은 학생의 음악성을 인정한 것이었고 커다란 보상도 따랐다. 이후 부족한 부분을 채워가는 것은 학생의 몫이다.

반대의 학생도 있다. B 학생의 손가락은 겁 없이 빠르고 힘이 넘치지만 도대체 어떠한 느낌도 없이 멜로디를 훑고 지나가버린다. 감정적인 부분을 유도하지만 학생은 알 길이 없다. 연습을 통해 시간의 타이밍을 기억하고 흉내 낼 뿐이다. 이 학생은 긴 멜로디 라인이 없는 곡을 선택하되 다이나믹을 잘 표현할 수 있고 감정적인 곡보다 건조하고도 이성적인 곡을 선택한다. 베토벤 소나타 중에서도 〈발트슈타인 소나타〉와 같이 이성적이고 정확한 타건을 위한 곡은 좋은 성적을 받기 쉽다. 그리고 부족한 음악적인 선율 부분은 채워나가야 한다.

콩쿠르에 있어 곡 선정은 참으로 중요하다. 그러려면 학생을 향한 선생님의 정확한 메타인지, 피드백이 필요하다. 장점과 단점을 파악하고 콩쿠르에서 장점을 극대화하고 평소에는 단점을 보완해야 한다.

테크닉이 부족한 학생은 부분 스케일과 다양한 손가락 독립 연습을 위해 노력하고, 음악성이 부족한 학생은 로맨틱 시대의 긴 멜로디 라인 등을 위해 호흡과 타이밍을 공부한다.

- 난이도가 높은 것
- 앞부분이 인상적일 것
- 두 곡을 연주해야 한다면 다른 느낌으로 준비할 것
  (장조 - 단조, 4박자 - 3박자, 다른 시대 작곡가, 다른 패턴)

콩쿠르에 나온 학생들의 연주는 하나같이 아름답고 아름답다. 나는 심사위원이 아니기에 참여하는 아이들의 한 곡, 한 곡이 모두 사랑스럽다. 고사리 같은 손으로 얼마나 많은 시간을 들여 싫으나 좋으나, 밤이나 낮이나, 엄마의 잔소리를 듣고 혹은 스스로 연습을 했을까.

나의 유년 시절 때론 자유롭게, 때론 혹독하게 연습을 시켰던 엄마에게 참으로 고마움을 느낀다.

그리고 취미로 즐길 정도로 음악을 시키겠다는 부모님께는 한 말씀 드리고 싶다. 프로 연주자들도 모든 연주가 즐겁지 않다. 즐길 정도라는 것은 사람마다 배움의 깊이에 따라 달라지겠지만, 모든 연주는 다른 누군가의 박수를 받을 때 가치가 높아진다. 매일 틀리며 완성하지 못하는 연주는 매일 방에서 혼자 하면 된다.

지겹도록 연습하고 그러다 외워지고 그러다 대회도 나가고 그러다 다수를 위해 연주를 하고 박수를 받을 때처럼 스스로 기특하게 여겨지는 경험은 음악 이외의 다른 부분에도 많은 영향을 준다. 수고하고 노력한 농부에게는 땀의 보상으로 열매를 맺게 된다.

아이에게 다른 소통의 언어로 음악을 선물하고 싶다면, 보다 전문적으로 10대에 오래오래 배울 수 있도록 지지해주시길 바란다. 전공을 시킨다고 해도 아무나 음악의 길을 갈 수 없듯이, 써먹을 수 있는 언어가 만들어지기까지 일정 시간, 경제력, 노력, 관심이 필요하다.

취미로 즐길 만큼만 음악을 하려면 전공생 이상으로 준비해야 한다. 전공을 하고 졸업을 한 많은 음악인들도 대부분 즐기지 못하고 취미생활도 못한다.

그렇다면 이런 질문이 또 따라온다. 엄마는 시키고 싶고 아이는 싫다고 할 때 도대체 언제까지 음악을 지원해야 하는지? 그리고 아이는 음악을 하고 싶다고 하고 엄마가 보기엔 재능이 없어 보이는데 언제까지 기다려줘야 하지?

내 아이 음악 해도 될까?
잘하는 것 VS 좋아하는 것

대부분의 음악가 부모들은 하나같이 자식에게 귀한 유산을 물려주듯 음악을 가르친다. 같은 악기이든, 다른 악기이든 다른 엄마들에겐 참으로 부러운 상황이다. 선생님을 선택해도 선택폭이 다를 것이고, 레슨비도 절감할 것이고, 집안 분위기가 음악으로 가득찰 테니 말이다.

악기도 잘하고 음악적인 경험을 가졌으면 하는 부모의 바람은 누구에게나 있다. 그러나 국영수도 해야 하고 아이가 재능이 있는지, 들인 비용이 무용지물이 되는 것은 아닌지 확신이 없다. 본인도 어릴 적 뜨문뜨문 체르니도 치고, 음악 언저리에서 무엇인가 한 것 같은데 오늘 써먹을 수 없다는 게 안타깝기 때문이다.

아이들을 가르치다 보면 한눈에 보이는 순간이 있다. 가지고 태어난 재능 있는 아이, 노력하여 성장하는 아이.

나는 후자였다. 남들보다 1년이나 학교를 일찍 들어갔고 소심하고 내성적이라 피아노가 내게 좋은 친구가 되었다. 특별한 재능이나 특출한 끼도 없었다. 음악을 하는 부모님을 두지도, 열정이 넘치는 선생님도 없었다.

피아노 학원이라는 평범한 바운더리 안에서 왜 피아니스트가 되고 싶었는지 모를 일이다. 매주 가는 교회에서 어설프게 시작한 반주가 시작이 되었는지, 사람들 앞에서 책임감을 가지고 무엇인가를 해내야 하는 일이 동기부여가 된 것인지, 알 수 없게 이끌리듯 시작한 자리가 지금까지 피아노를 치게 했다.

좋아하는 것과 잘하는 것. 이 두 가지가 같은 방향으로 갈 수 있도록 도와주는 일이 부모의 몫이 아닐까 생각한다. 잘하다 보니 좋아하게 되거나, 좋아하다 보니 잘하게 되거나 그 무엇이든 시작은 큰 문제가 아닐 것 같다.

대회에 나왔던 한 엄마가 상담을 청했다. 고등학교를 들어가는 남자 아이의 엄마는 아이가 음악을 그만두길 원하는데 아이는 원한다고 한다. 아들에게 음악적 가능성이 있는지 모르는 상태로 언제까지 기다려야 할지 모르겠다고 한다.

내가 연주를 들었을 때 그 아이는 많은 부분이 부족했다. 그럼에도 아이에게는 열정이 있었다. 시간을 두고 아이에게 기회를 주라고 했다. 예술 고등학교를 준비하고 싶다는 아이의 말을 존중하고 본인이 지칠 때까지 밀어주라고 했다. 이후 그 아이는 예술고에 입학했고 벌써 대학생이 되었다.

그 이후 아이의 음악 세계는 본인이 펼쳐가는 것이지만 전공 때문에 생긴 부모와의 갈등, 두드림, 간절함, 노력 그리고 성취감은 인생에 가장 기초가 되는 모퉁이 돌이 되었을 것이다.

최고라 하는 예술 중고등학교, 대학교를 거쳐 유학까지 다녀와도 실제 활동하는 음악인들은 5퍼센트 미만이다. 끝까지 살아남는 음악인들은 공통적으로 모든 면에서 부모보다 앞섰다.

다른 예로, 피아노 선생님의 딸이었던 한 소녀는 어릴 때부터 자연스레 피아노에 가까웠다. 대회도 매번 나가고 좋은 기회는 다 가질 수 있었다. 엄마의 바람은 너무 분명했고 구체적이었다. 본인이 끝까지 이루지 못한 연주자의 길을 딸이 한 걸음 더 나아가길 바랐고 그것은 너무나도 당연한 바람이었다.

대회를 많이 나가서인지 그 소녀의 연주는 기교적으로 화려했다. 불필요할 정도로 쇼맨십이 넘쳤고, 관객들은 그녀의 당당한 무대 매너에 눈을 반짝거렸다. 오케스트라 협연 등 힘 있는 선생님들의 후원 아래 또래보다 좋은 기회를 가졌고, 나가는 대회마다 1등을 낚아채는 바람에 엄마와 아이는 자신감도 넘치고 더 큰 꿈을 꾸었다.

그러나 그들만의 리그였던가. 손만 뻗으면 잡을 수 있는 대회 심사위원, 연결된 선생님들 틈에서 우물 안 개구리라는 사실을 받아들이기엔 어려웠을 것이다.

내가 들었던 연주는 실수가 많았다 치더라도, 무엇 하나 특별한 것이 없었다. 내가 진행한 콩쿠르에서 그 소녀는 2등을 하였다. 소녀의 엄마는 1등만 해온 내 딸에게 2등 했다는 말을 도저히 할 수 없다며 사람들이 많은 로비에서 큰 소리로 심사위원들을 모독했다.

그 소녀는 엄마의 욕심에 가려 진심으로 음악을 만날 수 있을까. 외로운 방, 피아노 앞에서 의미 없는 멜로디를 수없이 반복할 텐데, 상을 받기 위해 음악을 하는 것일까, 음악을 하다보니 상도 받는 것일까.

재능은 말 그대로 Gift, 선물이다. 창조주와 부모로부터 받은, 크게 노력하지 않아도 자연스럽게 주어진 선물이다. 성공은 99%의 노력과 1%의 영감이라는 말도 안 되는 멋진 말에 음악만큼은 예외이지 않을까 생각을 하다, 40세가 지나며 그 말이 맞아 간다는 생각이 든다.

교육학에서도 아이의 재능을 칭찬하면 완성도에 집중하여 새로운 도전을 꺼려하지만, 아이의 노력을 인정하면 새로운 도전도 마음껏 한다고 한다. 반짝거리는 재능은 유아기를 거쳐 아동기 때 노력하지 않으면 사라진다. 빛의 순간을 지속시키려면 일정하고 안정적으로 매일 물을 줘야 한다.

처음부터 손 모양이 만들어진 아이는 악보 보는 것이 힘들고, 악보를 잘 보는 아이는 손 모양을 고치기가 암담하다. 한 번 들으면 기억하는 아이는 대체 연습을 하지 않고, 여러 번 연습을 해도 늘지 않는 아이는 그 여러 번을 계속해서 연습한다.

재능도 끼도 좋은 조건도 없던 내가 이 치열한 음악 세계에서 지금까지 살아남을 수 있었던 것은, 적어도 내게 부족한 것이 너무 많아 그것을 채우고자 하는 마음에 집중할 수 있었기 때문이다. 작곡가로 넘어가면서는 작곡가로서의 결핍 때문에 더 작품에 몰입하게 되었다. 내게 부족한 게 너무 많지만, 남들보다 조금 뛰어난 것 하나가 바로 열심과 몰입이었다.

부모로서 멀리 보고 아이 뒤에서 돌다리를 하나씩 알려주되 아이의 손을 잡고 잡아당기지 않기를 바란다. 마음이 급해 잡아당기는 순간 아이는 손을 놓고 싶을 것이다.

아빠는 큰 투자 없이 내가 안정적인 직장 생활을 하길 바랐다. 그럼에도 주말마다 비싼 레슨비를 준비해주고, 없는 구멍 메워 유학까지 보내며 오랜 시간 나를 기다려준 엄마에게 물었다.

"엄마는 내가 피아니스트가 되길 바랐어?"
"효진아, 너는 어릴 적부터 엄마가 말 안 해도 매일 한 시간씩 피아노를 꼭 쳤어. 치고 또 치고, 치고 또 치고. 피아노 치는 것을 너무 좋아했지."

내가 좋아하는 일이 잘하는 일이 되도록 멀리서, 때론 가까이서 기다려준 엄마에게 감사를 드린다. 나도 내 아이가 좋아하는 것을 먼저 찾도록 그리고 그것을 잘하도록 뒤에서 지켜보며 기도하고 박수쳐줄 것이다.

에필로그

쉼 없이 달려온 한 해였다.
나의 일상은 코로나로 인해 소박해졌지만,
나의 일탈은 오히려 더 과감해졌다.

작은 텃밭 같던 뮤직 아뜰리에는 풍성한 열매들을 맺었다.
숫자로 가늠할 수 없는 그 이상의 충만함이다.
몸은 덜 움직이되 머리와 가슴은 더 춤추었다.

표현의 자유 속에서 우리는 거두고 또 내뿜는다.

다시 한번 깊은 곳에 그물을 내린다.
그물을 내릴 때마다 손놀림이 달라진다.
가끔 큰 고기도 낚는다.

돌고 도는 론도 같은 삶.
어느 지점에서 그물을 거둔다.
그날이 올 때면
큰 것도 작은 것도 구분 없이
바람이 되어 바다가 되어가리.

바람이 된 피아노

초판 1쇄 발행 2020년 12월 31일

지은이 문효진
발행인 박옥분
편 집 김정웅
마케팅 서선교
도서주문 북스북스 (전화 : 031-942-0420)
             (팩스 : 031-942-0421)

펴낸곳 도서출판 지서연
출판등록 제307-2015-30호
주소 (02709) 서울시 성북구 솔샘로6길 36-6 (정릉동) 202호
전자우편 sunkyo21@naver.com

값 13,500원
ISBN 979-11-957385-7-1 03810
Copyright ⓒ 문효진 2020

- 이 책은 저작권법에 따라 보호를 받는 저작물이므로 무단전재와 복제를 금지하며, 이 책 내용을 전부 또는 일부를 이용하시려면 반드시 저작권자와 〈도서출판 지서연〉의 서면 동의를 받아야 합니다.
- 잘못된 책은 구입하신 곳에서 바꾸어 드립니다..

〈이 책은 제주특별자치도, 제주문화재단의 후원을 받아 제작되었습니다〉